세상을
고치는
경제 의사들

**세상을 고치는
경제 의사들**

2022년 1월 25일 초판 1쇄 발행
2023년 5월 15일 초판 3쇄 발행

글	전강수
펴낸이	김완중
펴낸곳	내일을여는책
책임편집	김세라
디자인	박정화
선전본부장	김휘승
관리	장수댁
인쇄	아주프린텍
제책	바다제책
출판등록	1993년 01월 06일(등록번호 제475-9301)
주소	전라북도 장수군 장수읍 송학로 93-9(19호)
전화	(063) 353-2289
팩스	(063) 353-2290
전자우편	wan-doll@hanmail.net
블로그	blog.naver.com/dddoll
ISBN	978-89-7746-977-8 43320

ⓒ 전강수, 2022

세상을 고치는 경제 의사들

경제 의사 다섯 명의 진단과 처방

글 전강수

내일을여는책

경제는 인체와 마찬가지로 복잡하고 미묘하다. 함부로 다루다가는 망가지기 십상이다. 그래서 전문가를 양성한다. 오늘날 경제학자들은 정말 전문가처럼 보인다. 그들이 사용하는 언어는 의사의 언어처럼 일반인들이 감히 접근하기가 어렵다.

우리 사회에는 두 부류의 경제 전문가가 있다. 하나는 고도의 훈련을 받고 고도의 기법을 사용하여 경제 분석을 행하는 사람들이다. 이들이 쓰는 논문을 보면 마치 물리학이나 의학 논문 같다. 일반인들이 도저히 이해할 수 없는 것은 물론이고, 경제학 전공자조차 이해하기 어려운 경우도 허다하다. 그런데 한 가지 이상한 일은 이처럼 엄청난 분석을 자유자재로 구사하는 사람들이 현실 경제를 고치려는 노력은 하지 않는다는 사실이다. 이들은 의사이긴 한데, 임상 경험은 기피하는 이상한 의사들이다. 자부심은 대단해서 현실 경제를 고치려고 나서는 사람들을 향해 경멸을 보내기 일쑤다. 우리나라 경제학계는 이런 전문가들에게 점령당한 지 벌써 오래되었다. 우리는 이런 이상한 의사들에게 봉급을 주면서 자녀들을 가르쳐 달라고 맡기고, 그들 사이의 지적 유희를 멍하니 바라보는 이상한 사회 속에서 살고 있다. 저렇게 똑똑한 사람들이 하는 일이니 뭔가 있겠지 생각하면서 말이다.

다른 한 부류는 경제가 복잡하고 미묘하다는 사실을 깡그리 무시한다. 이들 생각에는 부동산값이 오르면 잡으면 되고, 물가가 오르면 공무원을 동원하면 되고, 양극화가 심화하면 부자에게서 빼앗아서 가난한 사람들에게 주면 된다. 모든 문제가 한없이 간단하다. 처방이 간단하니까 생각하기 싫어하는 평범한 사람들의 마음을 사로잡는다. 이들은 의사라기보다는 목수에 가깝다. 문제가 생기면 톱이나 대패로 깎아버리면 된다. 좌우를 막론하고 정치인들 가운데, 또 사회운동 세력 안에 이런 사람들이 수두룩하다. 경제가 인체와 유사하다는 점을 안다면 감히 그리 못할 것이다. 경제가 유기체임을 깊이 인식하는, 의사가 환자를 치료하듯이 경제를 치유하기 위해 나서는 진짜 경제 의사들이 절실히 요구되는 시절이다.

오늘날 경제 전문가들이 좀 이상하다고 해서 경제학이 원래 그런 학문이라고 생각하지는 말기 바란다. 경제학의 역사에서 위대한 인물로 남은 사람들은 자신을 스스로 경제를 고치는 존재로 여겼다는 점에서 공통점을 갖고 있다. 그들이 나름의 경제이론을 만들고, 책과 논문 그리고 칼럼을 쓰고, 생각이 다른 경제학자들과 치열하게 논쟁했던 것은 마치 의사들이 질병을 진단하고 환자를 치료하는 것처럼 당시 자신들을 둘러싼 경제문제를 진단하고 그 때문에 고통당하는 사람들을 경제적 고통에서 구하기 위한 것이었다.

그들은 돈키호테처럼 열정만 가득한 채 경제를 수술하겠다고 덤벼든 사람들은 아니었다. 복잡하고 미묘한 경제라는 유기체가 움직이는 원리를 정확하게 파악하고, 문제의 실체와 원인을 분석하고, 효과적인 처방을 제시하기 위해 온 힘을 다한 사람들이었다. 그 과정에서 그들은 예전 선배들이 가르친 원리와 처방에 문제가 있음을 발견하기도 했다. 그러면 그들은 기존의 틀을 맹렬히 비판하고 새로운 이론과 정책을 제시했다.

이 정책들은 현실에 적용되어, 도저히 해결할 수 없을 것처럼 보였던 경제문제를 해결하고 고통에 신음하던 많은 사람들을 구원했다. 나는 이들을 '경제 의사'라 부르고 싶다. 많은 경제학자들이 이 세상에 다녀갔고, 또 지금도 수많은 경제학자들이 연구에 매진하고 있지만, 그중에서 특별히 5명을 뽑았다. 애덤 스미스, 헨리 조지, 존 메이너드 케인스, 프리드리히 하이에크 그리고 토마 피케티가 그들이다. 지금부터 이 위대한 경제 의사들의 생애, 이론 그리고 처방을 살펴보기로 하자.*

---

* 이 경제학자들의 생애 부분은 그들의 삶과 사상을 다룬 기존 문헌들을 두루 참고해 집필했다. 그러나 독자의 다수가 경제학을 전공하지 않은 일반 대중이 되리라는 점을 고려해 직접 문장을 인용할 때 외에는 일일이 출처를 밝히지 않았다. 필자가 이 책의 집필을 위해 참고한 문헌들은 책 마지막 '참고문헌'에 모두 밝혀두었다.

"01"

애덤 스미스는
어떻게 경제학의 시조가 되었을까?

사람들이 자기 이익을 추구하는 건
죄가 아니야

그는 얼빠진 사람으로 유명했다. 1780년경 그가 오십대 후반이었을 때 에든버러 주민들은 이 유명한 인물의 재미난 모습을 종종 볼 수 있었다. 그는 엷은 색의 코트와 무릎까지 덮는 하의를 입고 흰색 비단 양말에 버클 장식이 달린 구두를 신었으며 챙이 넓은 모자를 쓰고 단장(짧은 지팡이: 인용자)을 짚고 눈은 멀리 허공을 향한 채 무어라고 말을 하는 것처럼 입술을 움직이며 돌이 깔린 길을 걸어 내려갔다. 그리고 한두 발짝마다 방향을 바꾸거나 뒤돌아서려는 듯이 우물쭈물하곤 했다. 이러한 걸음걸이를 보고 그의 친구는 '지렁이 기어가는 것 같다'고 묘사했다.

넋 나간 듯한 그의 행동은 이 외에도 많았다. 잠옷만 입고 정원을 거닐다가 공상에 빠져 24킬로미터나 걸어갔다 온 적도 있었다. 한번은 높은 지위에 있던 친구와 에든버러 거리를 함께 걷고 있었다. 위병이 창을 들고 경례를 하자 그는 갑자기 최면 술에 걸린 듯 단장을 들어 답례를 하더니 그 위병을 따라다니 며 손에 든 단장으로 일일이 동작을 따라 하여 일행을 깜짝 놀 라게 했다. 저만치 앞에서 단장을 번쩍 들고 서 있다가 정신이 돌아온 그는 자신이 이상한 행동을 했다는 것을 전혀 알지 못 한 채 단장을 내리더니 중단되었던 대화를 태연히 이어갔다고 한다.(하일브로너, 『세속의 철학자들』, 58~59쪽)

모름지기 한 분야의 시조가 되는 것은 결코 쉬운 일이 아니다. 뛰어난 지능과 인내심을 가져야 하는 것은 물론 이고 천운을 타고나야 하는지도 모른다. 우리는 주변에서 한 가지 일에 천재처럼 비범한 사람이 평범한 일에는 아 주 서투르거나 보통 사람들이 보기에 아주 이상한 행동을 하는 것을 가끔 본다. 어쩌면 평범하고 정상적인 삶을 사 는 능력까지 한쪽으로 다 몰려버려서 천재가 되었는지도 모른다. 경제학의 시조로 불리는 애덤 스미스(Adam Smith, 1723~1790)가 바로 그런 사람이었다.

위의 인용문만 보면, 중상주의를 무너뜨리고, 사람들이 자기 이익을 적극 추구하면 사회 전체의 이익이 최대가 되는 원리를 밝혀서 자유시장 경제를 확고하게 뒷받침하 고, 경제학을 독립 학문으로 창시한 위대한 인물의 행동

애덤 스미스

이라는 생각은 도무지 들지 않는다. 하지만 스미스가 없었다면 우리는 아마 장사를 하고 열심히 일하면서 돈을 벌 때 무의식적인 죄책감을 느껴야 했을지도 모른다. 자본주의 시장경제 체제도 애덤 스미스에게 큰 빚을 졌지만, 그 속에서 살고 있는 우리 개개인도 이 기이한 위인에게 진 빚이 적지 않다.

유명 철학 교수가 귀족의 가정교사가 되다니!

오늘날 애덤 스미스가 경제학의 시조라는 것을 부정하는 경제학자는 없다. 경제학 분야에 여러 학파가 있지만, 어느 학파든 그 사실은 인정한다. 하지만 공식적으로 스미스는 평생 철학자로 살았다. 영국 대학에서 경제학과가 독립 학과로 분리된 것이 20세기 초의 일이었으니 그럴 수밖에 없었다.

애덤 스미스 하면 모두가 『국부론(An Inquiry into the Nature and Causes of the Wealth of Nations)』을 떠올리지만, 그는 그 전에 이미 『도덕감정론(The Theory of Moral Sentiments)』이라는 책을 출간해서 철학자로서 명성을 떨치고 있었다. 스미스는 한 귀족 집안의 장남과 프랑스 여행을 하는 동안 심심해서 시간을 때우려고 『국부론』을 쓰기 시작했다고 하니, 그때만 해도 본인도 그 책이 『도덕감정론』을 능가하는 대표작이 되리라 짐작하지 못했을 것이다.

애덤 스미스는 1723년 스코틀랜드 에든버러 근처 커콜디(Kirkcaldy)라는 작은 어촌에서 태어났다. 그는 14살의 어린 나이로 당시 스코틀랜드 계몽주의의 온상이었던 글래스고우대학에 입학했다. 거기서 그는 저명한 도덕철학 교수였던 허치슨(Francis Hutcheson, 1694~1746)에게 깊은 영향을 받았다. 1740년 글래스고우대학을 졸업한 후 스미스는 옥스퍼드대학에 장학생으로 입학했다. 옥스퍼드대학에서는 교수들이 아무것도 가르쳐주지 않아서 사실상 독학으로 6년을 공부했다. 나중에 스미스는 "옥스퍼드대학 교수들은 몇 년 동안 가르치는 시늉조차 하지 않았다"라고 비난했다. 하지만 그때 그는 독서를 통해 고전철학과 당대 철학을 섭렵할 수 있었다.

1748년 글래스고우대학 논리학 교수 자리를 얻은 애덤 스미스는 이듬해에는 스승 허치슨의 뒤를 이어 도덕철학 교수 자리를 맡았다. 글래스고우대학에서 그는 뛰어난 강의와 따뜻한 학생 지도로 명성을 떨쳤다. 아마도 옥스퍼드대학 교수들의 게으른 자세를 반면교사로 삼은 것 같다. 1759년 『도덕감정론』을 출간한 스미스는 그 후 찰스 타운센드(Charles Townshend)의 의붓아들 가정교사를 맡아서 교수직을 사임했다. 당시 상류층에서는 자식을 정규 학교에 보내지 않고 저명한 선생을 붙여서 교육하는 풍토가 유행이었다고 한다. 교육 방식은 장기 여행에 동행하며 지도하는 것이었다. 그때 스미스는 글래스고우대학 교수 봉급의 세 배에 해당하는 보수와 여행 경비 그리고 평생 연금을 받는 조건으로 가정교사 직을 수락했다.

프랑스 여행 중에 중농주의자 케네를 만나다

어찌 보면 돈 때문에 수락한 여행 교사직이었지만, 그 여행은 애덤 스미스가 철학자에서 경제학자로 거듭나는 결정적인 계기가 되었다. 1764년부터 1766년까지 이어진 여행의 첫 번째 체류지는 프랑스의 툴루즈(Toulouse)였다. 스미스 일행은 툴루즈에서 1년 반을 머물렀는데, 스미스가 심심해서 『국부론』을 쓰기 시작한 곳이 바로 거기였다. 그 후 일행은 툴루즈를 떠나 스위스를 거쳐 파리에 도착했다. 파리에서 스미스는 툴루즈에서와 달리 연극 관람을 즐기고 명사들과 교류하는 기쁨을 누렸다. 그때 만난 사람들 중에는 벤저민 프랭클린(Benjamin Franklin, 1706~1790)과 프랑수아 케네(François Quesnay, 1694~1774)가 있었다.

프랭클린은 18세기 신대륙 미국을 대표하는 지식인이었다. 그는 뛰어난 사업가이자 과학자였으며, 인생 후반기에는 정치에 뛰어들어 위대한 성과를 남겼다. 스미스가 그를 만났을 때는 펜실베이니아주 대사로 영국에 파견되어 외교관으로 일하고 있을 때였다. 프랭클린은 나중에 미국 독립운동의 지도자로 활약하면서 그 유명한 독립선언문을 기초했고, 말년에는 미국 헌법 제정에도 관여했다. 프랭클린과의 만남 때문이었던지 스미스는 식민지 미국이 어떤 나라보다 위대하고 강력한 국가로 발전할 가능성이 높다고 평가했다. 스미스의 예언은 적중했다.

케네는 프랑스 중농주의 학파의 중심인물이었다. 의사 출신으로 경제를 인체와 같은 유기체로 보아 '경제표 (Tableau Economique)'라고 불리는 국민경제 순환표를 만든 사람이다. 스미스는 중농주의자들로부터 부는 화폐 획득이 아니라 생산에서 나온다는 사실과, 경제에는 자연적 질서가 존재한다는 사실을 배웠다. 이는 나중에 『국부론』의 핵심 내용을 이루게 된다. 그러나 스미스는 여러 산업 부문 가운데 농업만이 새로운 부를 창출한다든지, 농업에만 세금을 매겨야 한다든지 하는 중농주의자들의 주장은 받아들이지 않았다.

사실 부가 생산에서 나온다는 사실을 스미스가 깨닫게 된 것은 매우 중요한 의미를 갖는다. 스미스 이전에 영국에서 경제정책을 좌우했던 것은 부가 화폐 획득에서 나온다고 믿었던 중상주의 사상이었기 때문이다. 중상주의는 15세기 이후 유럽 여러 지역에서 영주 중심의 봉건사회가 쇠퇴하고 절대 군주가 지배하는 근대 국민국가가 등장하면서 출현했다. 그것은 경제사상이기도 했고 강력하게 추진된 경제정책이기도 했다. 16~17세기에 시민혁명이 발발하여 절대 왕정이 몰락한 후에도 중상주의 경제정책은 한동안 지속되었다. 시기에 따라 중상주의 정책의 성격이 바뀌었지만, 국가를 부강하게 만드는 것을 목표로 자기 나라로 들어오는 귀금속의 양을 늘리고자 했던 점에서는 변함이 없었다. 이를 위해 동원된 수단은 적극적인 정부 개입, 각종 보호무역 정책, 독점권 부여와 저임금 강요를 통한 상공업 육성 정책 등이었다. 애덤 스미스가 『국부론』을 집필하던 때는 영국에서 중상주의의 영향력이 남아 있던 시기였다.

심심해서 시작한 『국부론』 집필, 10년이 걸리다

1766년 가정교사로서 데리고 여행하던 젊은 귀족의 동생이 갑자기 죽는 바람에 영국으로 돌아온 스미스는 런던과 고향 커콜디를 오가며 『국부론』 집필에 몰두했다. 하지만 여행 중에 심심풀이로 시작했던 집필이 끝난 것은 1776년. 무려 10년이 지난 뒤였다.

오늘날 경제학을 수학 모형으로만 연구해야 한다고 믿는 학자들은 『국부론』에 자신들이 전개하는 것과 유사한 추상적인 경제이론이 가득 담겨 있을 것이라 여기겠지만, 전혀 그렇지 않다. 『국부론』에는 추상적인 논리보다는 많은 나라의 역사와 사례 그리고 국가 운영에 필요한 구체적인 원리가 담겨 있다. 요즈음 경제학 연구의 경향에 익숙한 사람에게 이 책을 펴서 보여주면 경제학책이라 할지 의문스럽다. 수많은 사례와 역사에 관한 서술, 지루하기까지 한 부연 설명을 다 읽으려면 많은 인내심이 필요하다. 예를 들면 스미스는 은(silver)의 문제를 설명하면서 여담으로 75쪽이나 서술했으며, 책의 결론을 끌어내기 위해 50쪽이나 할애했다. 그러니 오늘날 경제학자의 눈으로 보면 『국부론』은 경제학책이라기보다 사회학책이나 역사학책에 가까울 것이다. 입만 열면 애덤 스미스를 거론하는 경제학자들 중에 막상 『국부론』을 읽은 사람이 많지 않다는 것은 정말 아이러니다. 일면 이해가 가기도 하지만 안타깝기 짝이 없는 현실이다.

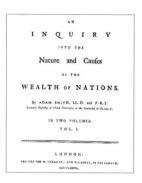

AN

INQUIRY

INTO THE

Nature and Caufes

OF THE

WEALTH OF NATIONS.

By ADAM SMITH, LL.D. and F.R.S.
Formerly Profeffor of Moral Philofophy in the Univerfity of Glasgow.

IN TWO VOLUMES.

VOL. I.

LONDON:
PRINTED FOR W. STRAHAN; AND T. CADELL, IN THE STRAND.
MDCCLXXVI.

『국부론』

애덤 스미스가 경제학의 시조로 추앙받는 것은 『국부론』을 집필했기 때문이고, 사람들이 1776년을 경제학 탄생의 해로 잡는 것도 그 해에 『국부론』이 출간되었기 때문이다. 그 이전에도 경제문제를 다룬 책들은 많이 나왔는데, 사람들은 왜 유독 이 책 출간을 경제학의 출발점으로 삼는 것일까? 거기에는 내용이 워낙 방대할 뿐만 아니라 번뜩이는 지혜와 수많은 지식이 담겨 있다는 점도 작용했겠지만, 그보다 더 중요한 것은 『국부론』에서 스미스가 새로운 부의 정의를 제시하고 자유방임주의를 완벽하게 뒷받침했다는 사실이 아니었을까 짐작한다.

한 나라의 부는 어디서 나올까? 생산이지!

오늘날 경제학자는 물론이고 일반 시민들도 한 나라 국민이 얼마나 잘사는지는 그 나라의 생산량에 의해 결정된다는 사실을 잘 알고 있다. GDP(Gross Domestic Product)나 GNP(Gross National Product) 같은 개념을 쉽게 이해하고 스스럼없이 활용하니 말이다. 요즈음 어떤 나라가 얼마나 잘사는지 보여주는 데 가장 많이 사용되는 경제지표는 GDP다. '국내총생산'이라는 말로 번역되는 GDP는 '일정 기간에 한 나라 안에서 생산되는 최종재의 시장가치를 합한 값'으로 정의된다. 여기서 최종재가 무엇인지, 시장가치가 무엇인지는 제쳐두자. 이 정의가 부의 원천을 생산으로 본다는 점만 확인해두기 바란다.

한 나라 국민이 얼마나 잘사는지를 결정하는 부가 생산에서 나온다는 사실을 체계적으로 밝힌 최초의 학자가 바로 애덤 스미스다. 스미스가 『국부론』에서 부에 대해 새로운 정의를 내리기 전까지 부는 곧 화폐였다. 이런 인식을 퍼뜨린 것은 중상주의자들이었다. 스미스가 보기에 화폐를 부로 보는 중상주의자들의 견해는, 화폐가 교환을 매개하고 가치를 측정하는 두 가지 기능을 동시에 수행하는 바람에 생겨난 착각이었다. 이 착각 때문에, 부를 증가 시키려면 해외에서 화폐를 획득해서 자기 나라로 들여와야 한다고 주장하는 엉터리 학설이 경제정책을 지배했다. 그로 인해 급기야 유럽의 여러 나라가 더 많은 화폐를 얻으려고 싸우는 상황까지 발생했다. 스미스에게 진정한 부란 한 나라 국민이 연간 소비하는 생활필수품과 편의품의 양이었다. 물론 그 물품들의 원천은 생산이었다.

부의 진짜 실체가 화폐인지 생산물인지 가리기는 어렵지 않다. 우선 생산물 없이 화폐를 얻을 수 있을지 따져보라. 그다음, 화폐로 '생활필수품과 편의품'을 살 수 없다면 그 화폐가 무슨 가치가 있을지 생각해보라. 생산이 뒷받침되지 않으면 화폐는 부의 척도와 수단이 될 수 없다. 결론적으로 말해 한 나라의 부를 화폐의 양으로 본 중상주의는 틀렸다. 한 나라에서 생산되는 재화와 서비스의 합으로 국부를 새롭게 정의한 스미스가 경제학의 시조로 추앙받게 된 것은 어쩌면 필연이었다.

국부 증진에는 분업이 최고

『국부론』의 원래 이름이 『국부의 성질과 원인에 관한

고찰(An Inquiry into the Nature and Causes of the Wealth of Nations)』이라는 사실을 떠올려 보기 바란다. 그 이름에서 짐작할 수 있듯이, 『국부론』의 목표는 한 나라의 부가 생산되는 메커니즘을 분석하고, 어떤 조건에서 부가 증가할지를 파악해서 경제정책의 올바른 방향을 제시하는 데 있었다. 애덤 스미스의 『국부론』하면 늘 등장하는 분업 이야기는 괜한 호기심에서 나온 것이 아니고, 국부의 증진을 바라는 그의 염원이 담긴 것이었다. 국부를 늘리려면 노동의 투입량을 늘리고 노동생산성을 높여야 한다. 노동생산성이란 1시간 노동으로 만들 수 있는 생산량을 뜻한다. 이를 높이는 데 분업만큼 효과적인 방법은 없다는 것이 스미스의 생각이었다.

분업이란 생산과정을 여러 개의 공정으로 나누고 개개의 노동자를 분할된 공정에 배치하여 한 가지 일만 하게 함으로써 전문성을 높이는 생산 방식이다. 스미스는 『국부론』에서 노동자 10명을 고용한 작은 바늘 공장에서 분업을 도입했을 때 어떤 효과가 생기는지 상세하게 묘사했다.

"첫 번째 사람은 철사를 잡아 늘이고, 두 번째 사람은 철사를 곧게 편다. 세 번째 사람은 철사를 끊고, 네 번째 사람은 끝을 뾰족하게 만든다. 다섯 번째 사람은 바늘귀를 만들기 위해 다른 끝을 간다. 바늘귀를 만드는 데는 두세 공정이 더 필요하다. … 이처럼 바늘을 만드는 작업은 약 18개의 독립된 공정으로 분할되어 있는데, 어떤 공장에서는 이 18개의 공정을 18명의 노동자가 나누어 맡고 있고, 다른 공장에서는 한 노동자가 두세 가지 공정을 담당하고 있다. 나는 이런 작업을 하는 작은 공장을 본 적이 있다. 거기에는 고용된 인원이 10명밖에 되지 않았고 따라서 몇 사람은 두세 가지 작업을 같이 하고 있었다. … 그들이 힘써 일할 때 하루에 … 48,000개 이상의 바늘을 만들 수 있다. 한 사람이 하루에 4,800개의 바늘을 만드는 셈이다. 그러나 그들이 따로 떨어져 독립적으로 완성품을 만든다면, … 그들 각자는 분명히 하루에 20개도 만들 수 없을 것이며, 어쩌면 하루에 1개도 만들 수 없을지 모른다."(『국부론』, 8~9쪽)

국부의 증진을 위해 중상주의자들이 동원했던 정책은 관세를 높이고, 일부 상공업자에게 독점권을 부여하고, 노동자에게 저임금을 강요하는 등 국가가 경제에 적극적으로 개입하는 방식이었다. 오늘날은 이를 관치경제라 부르는데, 이런 개입 방식에 대해 애덤 스미스는 정면으로 반대했다. 그는 시장경제라는 것이 의외로 강인해서 정부가 개입하지 않고 그냥 놔두어도 최선의 성과를 거둔다고 믿었다. 중상주의자들이 주장하는 대로 정부가 여기저기 어설프게 개입한다면, 국부를 늘리기는커녕 도리어 국부 증진을 방해할 수밖에 없다.

'보이지 않는 손', 정말 신비해!

많은 사람이 나라를 부강하게 만들려면 국가가 앞장서서 경제를 운용해야 한다고 믿고 있던 시절에 스미스는 국가더러 손을 떼라고 주장했다. 무책임한 주장이 아닐까 하는 생각이 들 수도 있겠지만, 스미스에게는 비장의 무기가 있었다. 바로 시장 법칙이다. 모든 생산자와 소비자가 시장이라는 무대에 올라와서 각자의 이익을 위해 움직이고 서로 경쟁하면, 결과적으로 사회 전체의 이익이 최대가 된다는 내용이다. 이처럼 개인의 사적 이익 추구가 사회 전체의 이익과 가장 잘 조화되도록 이끄는 것은 무엇일까? 바로 '보이지 않는 손'이다.

시장에 참가하는 개인들은 국부 증진이라는 공공의 이익을 위해 움직이지 않는다. 사실 자신이 공공의 이익에 얼마나 기여하는지 알지도 못한다. 오로지 자신의 이익만을 위해 움직인다. 그런데 그들은 '보이지 않는 손'에 이끌려 자신이 전혀 의도하지 않았던 목적을 달성한다. 이렇게 공공의 이익은 각 개인이 그것을 위해 노력할 때보다 자신의 사적 이익을 추구할 때 더 효과적으로 실현된다. 스미스는 "공공이익을 위해 사업한다고 떠드는 사람들이 좋은 일을 많이 하는 것을 본 적이 없다"라고 단언했다.

스미스가 주장한 대로 시장을 자유롭게 놔두면 국부가 증진될 뿐만 아니라, 국민들이 원하는 물건들이 원하는 만큼 생산되는 신비한 결과가 달성된다. 누가, 무엇을, 얼마나 원하는지, 어떤 자원을 투입해서 무엇을 얼마나 만들어야 하는지 조사하고 계획하고 지시하는 사람이 없는데도, 사회가 가진 자원은 국민들이 원하는 물건을 원하는 만큼 생산하는 데 정확하게 배분된다. 모두가 '보이지 않는 손'이 하는 일이다.

소비자들이 지금보다 운동화는 더 원하고 빵은 덜 원한다고 해보자. 쉽게 생각하면 어떤 막강한 권력자가 있어서 운동화 생산은 늘리고 빵 생산은 줄이도록 지시하면

될 것 같다. 사회주의 국가는 그렇게 문제를 풀려고 했다. 그런데 국민들이 원하는 물건이 원하는 만큼 만들어지기는커녕 모든 물건의 생산이 줄어들고 전체 국민의 생활이 궁핍해지는 비참한 결과가 발생했다. 각 개인이 자신의 이익을 위해 움직이는 것을 막았기 때문이다. 누구도 열심히 일하려 하지 않았고, 창의성을 발휘해서 성과를 높이려고 하지 않았다. 사회주의가 망한 것은 바로 시장 법칙과 '보이지 않는 손'을 무시했기 때문이다.

모든 사람이 자기 이익을 위해 움직이도록 허용하는 자유시장에서는 전혀 다른 일이 벌어진다. 일단 운동화값이 올라가고 빵값은 떨어진다. 그러면 운동화업체의 이익은 늘어나고 제빵업체의 이익은 줄어든다. 자기 이익을 보고 움직이는 생산자들은 이익이 늘 때는 생산을 늘리고 이익이 줄 때는 생산을 줄인다. 결국 소비자들이 원했던 대로 운동화 생산량은 늘어나고 빵 생산량은 줄어든다. 제빵회사에서 일하던 노동자들은 경기가 좋고 일자리가 많은 운동화 공장으로 직장을 옮긴다. 소비자도, 운동화 업자도, 제빵업자도, 노동자도 다 자기 이익을 위해 움직였을 뿐인데, 국민들이 원하는 물건이 원하는 만큼 생산되는 일이 이뤄진 셈이다.

스미스가 자유방임주의를 주창한 것은 바로 이런 시장의 신비한 작용을 신뢰했기 때문이다. 오해하지 말아야 할 것은 스미스가 어떤 경우에도 정부는 가만히 있고 모든 것을 시장에 맡겨야 한다고 주장하지는 않았다는 점이다. 독점 기업이 출현해서 가격과 생산량을 마음대로 결정한다든지, 대기업들이 담합을 해서 가격을 올린다든지, 정부 정책이 자유로운 경쟁을 방해한다든지 하는 일은 현실 시장에서 얼마든지 일어날 수 있다. 스미스라면 그와 같은 시장에는 정부가 개입해서 문제를 해결해야 한다는 해법을 내놓았을 것이다. 그런 경우에도 정부는 개입하지 말고 무조건 시장에 맡겨야 한다고 주장하는 것은 스미스의 의도에 완전히 어긋나는 일이다.

애덤 스미스, '자연적 자유의 체계'를 꿈꾸다

모든 개인이 자신의 이익을 추구하며 서로 자유롭게 경쟁하는 자유시장이 완전하게 작동하는 상태를 스미스는 '자연적 자유의 체계' 또는 '완전한 자유의 체계'라고 불렀다. 그는 이와 같은 이상적인 체계가 나라 안에서뿐만 아니라 나라 사이에서도 자리 잡아야 한다고 보았다. 이를 위해 스미스는 자유무역을 주창했다. 그는 영국에서 포도주 한 병을 생산하는 비용이 프랑스에서 사 오는 비용보다 크다면 영국은 포도주 생산을 중단하고 모두 수입하는 것이 이득이라고 주장했다. 다른 나라는 사정이 영국과 반대일 수 있다. 예를 들어 프랑스는 포도주를 영국보다 싸게 만들지만, 모직물을 생산하는 데는 영국산 모직물값보다 더 큰 비용이 들 수 있다. 그렇다면 프랑스는 모직물 생산을 중단하고 모두 영국에서 수입하는 것이 이득이다. 스미스는 이런 경우 영국은 모직물에, 프랑스는 포도주에 절대우위를 갖고 있다고 말했다. 각 나라가 절대우위를 갖고 있는 상품을 전문적으로 생산하고 그것들을 서로 무역을 통해 교환하면, 둘 다 이익을 얻을 수 있다. 스미스의 자유무역 이론은 다른 나라를 희생시키고 자기 나라의 화폐량만을 늘리려고 했던 중상주의 무역이론과는 완전히 다르다.

스미스는 경제를 목수처럼 다루지 않았다. 목수는 나무의 모양이 마음에 들지 않으면 톱으로 잘라 버린다. 예쁜 모양을 내기 위해 튀어나온 부분을 대패로 깎기도 하고, 두 나무를 못이나 접착제로 붙이기도 한다. 거친 부분을 사포로 문질러서 매끄럽게 만들기도 한다. 한때 목수처럼 경제를 다루는 사람들이 있었다. 바로 중상주의자들이다. 하지만 스미스는 경제를 그들처럼 다루지 않았다. 그는 마치 의사와도 같았다. 스미스에게 경제는 나무 조각처럼 자르고, 깎고, 붙이고, 문지를 수 있는 물건이 아니었다. 경제란 사람의 몸처럼 환경만 좋게 만들어주면 스스로 활력을 가지고 살아가는 유기체라는 것이 그의 소신이었다. 이 경제 유기체가 움직이는 원리와 그것이 더욱 건강하게 성장할 수 있는 조건을 밝혀냈으니, 스미스를 경제학의 시조로 삼는 것은 당연하지 않은가?

이기심이 인간의 본성일까?

요즈음 경제학 원론 교과서를 보면, 어느 책에나 맨 앞에 '경제인(Homo Economicus)'이라는 개념이 나온다. 먼저 사람이 어떤 존재인지 가정하고 시작하는 것이다. '경제인'은 합리성과 이기심으로 무장한 로봇 같은 존재다. 소비자는 가진 돈으로 상품을 잘 구입해서 자기의 만족도를 최대로 높이고, 생산자는 토지·노동·자본을 잘 활용해서 상품을 만들고 잘 팔아서 자기 이윤을 최대로 높이는 존재로 묘사된다. 교과서의 절반 정도가 경제인의 행위를 설명하는 내용으로 채워져 있다. 학생들은 그런 교과서로 경제학을 배우기 시작하면서, 처음에는 경제인이 자신과는 많이 다르다고 느낀다. 하지만 어쩌겠는가? 교과서에서 그렇다고 하니 그러려니 여기며 계속 공부한다.

재미있는 이야기가 있다. 대학에서 어떤 분야를 전공하느냐에 따라 학생의 성격이 달라진다는 것이다. 미국의 어떤 대학에서 실험을 했더니, 경제학을 전공하는 학생들이 다른 분야를 전공하는 학생들보다 뚜렷하게 더 이기적이라는 결과가 나왔다. 교과서에 나오는 경제인의 성격을 자신도 모르는 사이에 받아들였다는 이야기다.

많은 경제학 교수들은, 인간을 이기적 존재로 가정하는 관행이 애덤 스미스에게서 시작됐다고 가르친다. 스미스가 '교환'을 설명할 때나 시장 법칙의 우월성을 강조할 때, 모든 사람이 자기의 이익을 최대한 추구하는 것을 바람직한 행위로 묘사했으니, 교수들이 그렇게 생각할 만도 하다. 하지만 인간에게 이기심이 있다는 말과 인간은 완전히 이기적인 존재라는 말은 다르다. 앞의 말은 옳고 뒤의 말은 틀렸다. 뒤의 말을 가정하고 소비자와 생산자의 행동을 분석해온 전통 경제이론은 오늘날 큰 도전을 맞고 있다. 인간에 관해 엉터리 가정을 한 후에 이론을 만들었으니 그 이론에 문제가 생기는 것은 어찌 보면 당연하다. 이 가정을 완화해서 인간을 이기적인 면·이타적인 면, 합리적인 면·비합리적인 면을 모두 함께 가지고 있는 존재라고 가정하고 새로운 경제이론을 만드는 학파가 요즈음 각광받고 있다. 바로 행동경제학이다. 『넛지(Nudge)』라는 유명한 책을 집필한 리처드 탈러(Richard H. Thaler)가 대표적인 학자인데, 그는 2017년에 노벨경제학상을 받았다.

『넛지』

인간을 이기심만 가득한 로봇 같은 존재로 가정하는 전통은 과연 애덤 스미스에게서 시작되었을까? 대답은 노!(NO!)다. 스미스가 공정한 경쟁이 가능한 시장에서 모두가 자기의 이익을 자유롭게 추구할 수 있을 때 공공의 이익도 최대가 된다고 주장한 것은 사실이지만, 인간을 이기심으로 똘똘 뭉친 존재로 보지도 않았고, 무리하게 자기 이익만을 추구하는 행위를 지지하지도 않았다. 우리는 흔히 이기심이라고 하면, 남을 짓밟아가면서까지 자기 이익을 추구하는 경우를 생각한다. 하지만 스미스가 생각한 이기심, 정확히 말하면 자기 사랑(self‒love)은 자신의 행복을 우선시하는 마음일 뿐, 다른 사람들의 행복에 전적으로 무관심한 마음은 아니다. 그것은 자기 이익을 추구하기는 하지만, 어디까지나 다른 사람들을 해치지 않는 범위 안에서 그렇게 하려는 마음이다.

그렇다면 남을 해치면서까지 자기 이익을 추구하는 것을 막는 요인은 무엇일까? 스미스는 『도덕감정론』에서 사람의 마음속에는 '공정한 관찰자'가 들어 있다고 말했다. 이 공정한 관찰자가 늘 자기를 보고 있다는 생각에, 사람들은 어떤 결정을 내릴 때 자기 이익에만 집착하는 것이 아니라 다른 사람의 사정도 고려한다는 것이다.

후대의 사람들은 위대한 학자의 사상을 받아들이면서 자기 마음에 드는 부분만 강조할 때가 종종 있다. 그러다가 그 학자의 위대함을 드러내기보다는 그의 본뜻과는 전혀 다른 방향으로 학설을 만들어간다. 이기심 하나만으로 인간을 다 설명하고, 이기심으로 똘똘 뭉친 인간들이 경제를 성장시키고 사회를 발전시킨다고 주장하는 오늘날의 주류 경제학자들은 애덤 스미스의 제자일까, 아니면 훼방꾼일까?

스미스는 누구 편도 아니야!

오늘날 많은 경제학자들은 스미스의 후계자를 자처하면서도 그가 말한 것과는 다른 내용의 자유방임을 주장한다. 스미스와는 달리, 그들은 어떤 시장에서라도 각 개인이 자유롭게 자기 이익을 추구하면 사회 전체의 이익이 최대가 된다고 생각한다. 그러니까 정부는 아예 경제에 개입할 엄두도 내서는 안 된다는 것이 그들의 소신이다.

하지만 스미스의 자유방임주의는 그런 내용이 아니었다. 각 개인의 사익 추구는, 법과 제도가 뒷받침하는 가운데 공정한 경쟁이 이뤄지는 시장에서만 사회 전체의 공익과 조화를 이룬다. 스미스는 현실의 시장에서 소수가 무분별하게 자기 이익을 추구할 때 다수의 사람이 피해를 입을 수 있다는 사실을 인식했다. 이를 막기 위해서는 정부가 개입해서 필요한 규제를 시행해야 한다고 강조하기도 했다. 스미스는 '작은 정부'를 지지하기는 했지만, 자연적 자유가 실현된 곳에서도 정부가 맡아야 할 역할이 있다며 세 가지를 꼽았다. 첫째, 다른 나라의 침략으로부터 사회를 지키는 역할, 둘째, 모든 시민을 위해 정확한 사법 행정을 펼치는 역할, 셋째, 민간이 맡기 어려운 공공기관을 설립하고 공공사업을 시행하는 역할이다.

스미스의 '보이지 않는 손'과 자유방임 사상을 자본가와 토지 소유자를 옹호하기 위해 들먹이는 경제학자들도 적지 않다. 마치 스미스 자신이 그들을 적극 옹호하기나 했다는 듯이 말이다. 스미스는 당시 신흥 세력으로 부상하던 자본가들이 저축을 하고 투자를 하는 유일한 계층이라는 이유로 그들의 역할을 긍정적으로 평가하기도 했지만, 다른 한편에서는 자본가들의 '야비한 탐욕'을 지적하고 "(그들은) 도저히 인류의 지도자가 아니며 그렇게 되어서도 안 된다"라고 혹독하게 비난하기도 했다.

"어떤 특수한 상업·제조업 분야에서 상인과 제조업자의 이익은 몇 가지 측면에서 항상 공공의 이익과 다르고 심지어 상반되기도 한다. 시장을 확대하고 경쟁을 제한하는 것은 항상 상인과 제조업자의 이익이 된다. 시장을 확대하는 것은 종종 공공의 이익에 합당할 수 있지만, 경쟁을 제한하는 것은 항상 공공의 이익과 충돌한다. … 따라서 이러한 계급이 제안하는 어떤 새로운 법률이나 제안에 대해서는 항상 경계심을 가지고 주목해야 하며, 매우 진지하고 주의 깊게 오랫동안 신중하게 검토한 뒤에 채택해야 한다. 그것은 그들의 이익이 결코 공공의 이익과 정확히 일치하지 않는 계급, 사회를 기만하고 심지어 억압하는 것이 그들의 이익이 되며 따라서 수없이 사회를 기만하고 억압한 적이 있는 계급으로부터 나온 제안이기 때문이다."(『국부론』, 290~291쪽)

토지 소유자들에 대한 애덤 스미스의 평가는 더 혹독했다. 스미스가 『국부론』에서 "스스로 노동도 하지 않고 조심도 하지 않고, 마치 저절로 굴러들어오는 것처럼 자기의 의도·계획과는 무관하게 수입을 얻는 유일한 계급"이라고 혹평하고, "다른 사람들도 마찬가지이지만, 지주는 심지는 않고 거두기만 좋아한다"라고 기술한 것은 토지 소유자들에 대한 그의 인식을 잘 보여준다.

스미스가 자본가와 토지 소유자의 부정적인 측면을 지적했다고 해서 그가 노동자 편을 들었는가 하면 그렇지도 않다. 사실 스미스는 어느 한 계급을 옹호하는 데는 관심이 없었다. 그가 옹호한 것이라곤 자신이 발견한 자연적 자유의 체계가 실현되어 실제로 국부를 증진해야 한다는 사실, 그것뿐이었다.

『국부론』 출간 이후 스미스는 어떤 삶을 살았을까? 1790년 67세의 나이로 세상을 떠나기 전 13년 동안 스미스는 스코틀랜드 관세청장을 지내며 풍족한 삶을 살았고, 『국부론』이 유럽 여러 나라 언어로 번역되는 것을 지켜보았다. 영국의 유력한 정치인들로부터 커다란 존경을 받았을 뿐만 아니라 1787년에는 글래스고우대학의 명예총장으로 선출되기도 했다. 당시 수상이던 피트 2세 (William Pitt, 1759~1806)는 스미스를 만난 자리에서 "우리는 모두 당신의 제자입니다"라고 고백했다고 한다. 그의 경제사상은 데이비드 리카도(David Ricardo, 1772~1823), 토머스 맬서스(Thomas Robert Malthus, 1766~1834), 존 스튜어트 밀(John Stuart Mill, 1806~1873) 등 시장을 중시했던 우파 경제학자들은 물론이고, 시장을 불신하고 자본주의의 붕괴를 예견했던 칼 마르크스(Karl Marx, 1818~1883) 등 좌파 경제학자들에게도 영향을 끼쳤으니, 그는 '경제학의 시조'임에 틀림없다.

스미스는 중농주의의 후예?

스미스가 프랑스 여행을 하는 동안 케네 등 중농주의자들을 만나서 교류했다는 이야기는 앞에서 했다. 중상주의를 격렬하게 비판했던 것과는 달리, 스미스는 중농주의에 대해서는 호의적인 태도를 보였다. 케네, 미라보, 튀르고 등 프랑스를 중심으로 활동했던 중농주의자들이 어떤 견해를 보였기에 스미스가 그들을 호의적으로 대했을까?

첫째, 중농주의자들은 중상주의에 반대하여 자유방임주의를 주장했다. 그들은 중세 이래의 자연법사상과 존 로크(John Locke)의 자유주의 철학을 받아들여서, 개인에게 경제적 자유를 주고 정부의 개입을 최소로 줄이면 그 사회는 조화로운 질서를 찾는다고 믿었다. 이는 스미스의 자연적 질서의 체계와 매우 비슷하다.

둘째, 중상주의자들이 국부를 귀금속의 양으로 보았던 것에 반대하여 중농주의자들은 국부가 생산물의 양으로 결정된다고 생각했다. 이 견해도 스미스가 국부 개념을 정립할 때 큰 영향을 미쳤을 것이다. 다만, 농업만이 부를 새롭게 만들 수 있다고 믿어서 농업 생산물을 특별히 취급했다. 제조업과 서비스업은 새롭게 부를 만드는 것이 아니라 물자의 형태만 바꾸는 역할밖에 못 한다는 이유를 들어 비생산적인 산업으로 규정했다. 그들이 헨리 조지에 앞서 지대에만 조세를 부과하자는 토지단일세 주장을 하게 된 것도, 산업의 성질에 대한 그들의 독특한 견해에서 비롯된 것이다. 스미스는 생산량으로 국부를 정의한 중농주의자들의 견해는 받아들였지만, 농업만이 새로운 부를 만든다든지, 지대에만 조세를 부과해야 한다든지 하는 주장은 일축해 버렸다. 막 산업혁명이 시작되어 제조업이 한창 활력을 가지고 발전하고 있던 영국의 상황을 경험한 스미스가 제조업을 비생산적이라고 주장하는 중농주의자의 견해를 받아들일 수는 없었을 것이다.

셋째, 중농주의를 대표했던 케네는 『경제표』를 집필하여 지주, 농민, 수공업자 사이에 돈과 물자가 어떻게 흐르는지 분석했다. 케네의 수제자 미라보는 이 책을 문자와 화폐의 발명에 맞먹는 놀라운 업적이라고 자랑했다. 스미스는 『경제표』와 유사한 분석을 직접 하지는 않았지만, 경제를 하나의 순환 체계로 보는 관점은 적극적으로 받아들인 것으로 보인다.

프랑수아 케네

종합적으로 볼 때, 스미스는 농업에 관한 견해를 빼고는 중농주의 경제사상을 적극 수용했다. 하일브로너가 전하는 바에 따르면, 스미스는 『국부론』을 죽은 케네에게 바치려 할 정도로 그를 깊이 존경했다고 한다. 이 정도라면 스미스를 중농주의의 후예라 불러도 괜찮지 않을까?

"02"

톨스토이를
추종자로 만든 헨리 조지[*]

[*] 이 장은 『경제학 고전 강의』(커뮤니케이션북스, 2022)에 실린 필자의 글 '헨리 조지와 시장친화적 토지공개념'과 구성이 비슷하다. 그 글의 내용을 활용하기도 했지만, 상당 부분을 고쳐 썼기 때문에 전체 내용에는 제법 차이가 있다.

땅은 우리 모두의 것이야. 공기나 물처럼

네흘류토프는 먼저 토지 사유에 대한 자기 의견을 들려주었다. "내 생각에 토지란 매매할 수 없는 것이오" 하고 그는 말했다. "만일 토지를 팔 수 있다면 돈 있는 사람들이 모조리 사버릴 것이고 토지가 없는 사람이 이용하고자 하는 경우 얼마든지 받고 싶은 만큼의 액수를 받으려 할 것이기 때문이오. 그렇게 되면 농민들은 땅에 발을 딛고 서 있는 것만으로도 돈을 내야 할 거요. … 개인이 토지를 소유하는 것은 이치에 어긋나는 일이라 생각하고 있소. 그래서 여러분에게 토지를 나눠주려는 거요."(톨스토이, 『부활 2』, 11~12쪽)

네흘류토프는 헨리 조지가 세운 토지단일세 이론을 들어 자기의 계획을 설명해 나갔다.

"토지란 어느 누구의 것도 아니고 하느님의 것일 뿐이오." 이렇게 첫마디를 꺼냈다.

"옳습니다. 그 말씀이 옳습니다." 몇몇의 목소리가 대답했다.

"토지에 개인 소유란 없소. 누구든 토지에 대해서 똑같은 권리가 있는 거요. 단지 좋은 토지, 나쁜 토지가 있을 뿐이오. 누구든 좋은 토지를 갖기 원하지요. 그런데 토지를 공평하게 나누려면 어떻게 해야 되겠소? 좋은 토지를 가진 사람은 그보다 못한 토지를 가진 사람보다 더 많은 토지가치를 내면 되는 것이오." 네흘류토프는 얘기를 계속했다. "사실 누가 누구에게 지불해야 되는지 따지기는 어려운 이야기이고 공동 자금을 모을 필요도 있으니, 이렇게 해 보면 괜찮을 것 같소. 토지를 가질 사람들은 자기 토지의 가치만큼 금액을 공동 자금으로 내놓는 것이오. 그렇게 하면 차별이 하나도 없을 거요. 그러니까 좋은 토지를 사용하고 싶은 사람은 그보다 못한 토지를 사용하는 사람보다 토지가치를 더 내고, 토지를 가지고 싶지 않은 사람은 토지가치를 내지 않으면 된다는 얘기요. 한마디로 토지를 사용하는 사람만이 공동 자금으로 토지가치를 낸다는 얘기요."(톨스토이, 『부활 2』, 16~17쪽)

이 글은 세계적인 대문호 레프 톨스토이(Lev Nikolayevich Tolstoy, 1828~1910)의 대표작 『부활』에 나오는 내용이다. 러시아의 귀족인 주인공 네흘류토프가 자기 땅을 무료로 사용하도록 농민들에게 나눠주면서 그 땅을 어떻게 관리하고 운영하는 것이 좋은지 이야기하는 장면이다. 그가 이런 결정을 내린 배경에는 토지사유제의 부당성에 대한 확신이 깔려 있었다. 톨스토이는 네흘류토프의 입을 통해 토지는 우리 모두의 것임을 선포하고, 우리 모두가 토지에 대한 평등한 권리를 누리려면 어떻게 해야 하는지 자세히 설명한다. 그런데 토지를 사용하는 사람에게서 토지가치를 걷어서 공동 자금으로 활용하는 방안은 톨스토이가 독창적으로 생각해낸 것이 아니고, 19세기 후반 미국의 경제학자 헨리 조지(Henry George, 1839~1897)의 처방을 각색한 것이다.

톨스토이는 1880년대 중반에 조지의 책 두 권을 읽고는 그의 추종자가 되었다. 그가 읽은 책은 『진보와 빈곤(Progress and Poverty)』과 『사회문제의 경제학(Social Problems)』이었다. 그 후 세상을 떠날 때까지 톨스토이는 러시아에서 헨리 조지의 경제사상을 전파하기 위해 갖은 노력을 아끼지 않았다. 그는 정치인이든 작가든 가리지 않고 영향력 있는 여러 사람에게 조지의 경제사상을 알렸다. 또 자신이 설립한 출판사 포스레드니크(Posrednik)를 통해 조지의 연설문과 짧은 글을 담은 소책자를 저렴한 가격으로 대량 배포했다. 수백만 부가 러시아제국 곳곳으로 팔려나갔다. 톨스토이는 인생의 마지막 25년을 열렬 조지스트(Georgist: 헨리 조지를 추종하는 사람)로 살았던 셈이다. 어떤 문학 평론가는 톨스토이가 『부활』에서 왜 그렇게 헨리 조지의 사상을 장황하게 설명했는지 이해가 가지 않는다고 평했다. 하지만 그것은 톨스토이의 집필 의도를 몰라서 한 논평이다. 톨스토이는 소설의 형식을 빌려서 헨리 조지의 사상을 알릴 목적으로 『부활』을 썼기 때문이다. 톨스토이 인생 후반의 작품 중에는 중간중간에 조지의 경제사상이나 토지문제를 다룬 것이 많다. 그 작품들을 집필한 동기도 마찬가지였다.

톨스토이와 헨리 조지는 서신 왕래는 했지만 직접 만난 적은 없다. 1894년 초 어느 날 헨리 조지는 러시아로 가는 어느 미국인 기자에게 톨스토이의 손에 직접 전달해달라고 부탁하면서 자기 책 몇 권을 맡겼다. 그는 자신이 톨스토이의 작품을 읽은 이후 그에게 깊이 빠져들게 되었다는 말도 함께 전해달라고 했다. 그 기자를 만난 톨스토이는 조지에게 감사를 표하면서, 자신은 "헨리 조지의 명쾌하면서도 숙달된 설명방식과 결론에 넋을 잃을 정도며, 조지는 미래의 경제를 위해 굳건한 기초를 놓은 최초의 인물이라는 것과 그의 이름은 언제나 인류의 마음속에 감사와 함께 기억될 것"이라고 전해달라고 부탁했다.

레프 톨스토이

50대 후반에 헨리 조지의 책들을 접하는 바람에 톨스토이의 인생은 완전히 달라졌다. 도대체 헨리 조지가 어떤 인물이었기에, 또 그의 책에 무슨 내용이 기록되었기에 톨스토이 같은 위대한 소설가의 인생을 송두리째 뒤바꿔버린 것일까?

가난뱅이 육체노동자, 신문 기자로 발탁되다

헨리 조지는 이 책에서 다루는 다른 경제학자 네 명과는 전혀 다른 삶을 살았다. 대학을 나오지도 않았고 전문 경제학자가 되는 데 필요한 정규 교육을 받은 적도 없다. 가난이라고는 모르고 연구에 몰두했던 스미스, 케인스, 하이에크, 피케티와 달리 조지는 어려서부터 줄곧 가난 속에서 살았다. 학력은 고작 중학교 2학년 중퇴였다. 그 나이 때 존 스튜어트 밀(John S. Mill, 1806~1873: 고전학파 경제학을 집대성한 인물)은 이미 그리스어, 라틴어, 프랑스어 등 외국어는 물론이고 수학과 논리학에 통달해 아버지 제임스 밀(James Mill, 1773~1836))의 경제학책 저술을 도울 정도였다. 이에 비하면 헨리 조지의 청소년기는 참으로 초라했다.

그런 사람이 나중에 칼 마르크스나 알프레드 마샬(Alfred Marshall, 1842~1924)과 같은 당대 최고 경제학자들의 견제를 받을 정도로 성장했으니 신기하다고 말할 수밖에 없다. 조지가 집필한 『진보와 빈곤』은 19세기 말까지 논픽션 분야에서 성서 다음가는 베스트셀러가 되었고, 오늘날까지 수백만 부가 팔려 인류 역사상 가장 많이 팔린 경제학책으로 소개되기도 한다. 또한 1883년에 출간한 『사회문제의 경제학』은 톨스토이로부터 "간결함, 명료함, 논리적 엄밀성, 논박하기 어려운 논증 방식, 문체의 아름다움, 진리와 선과 사람에 대한 진실하고도 깊은 사랑"이 담긴 "최고의 작품"이라는 찬사를 받았다.

헨리 조지는 성공회 기도문과 주일학교 교재를 취급하는 출판업자였던 부친의 사업이 기울면서 가난의 나락으로 떨어졌다. 하지만 그는 20대 후반에 뛰어난 글솜씨를 인정받아 신문 기자로 발탁될 때까지 온갖 직업을 전전하면서도 독서와 토론 그리고 글쓰기를 게을리한 적이 없었다. 조지의 가정은 비록 가난했으나 셰익스피어 작품, 각종 시집, 역사서, 여행기 등을 읽기 좋아하고 매일 성서를 읽는 경건한 분위기였다. 헨리 조지는 퀘이커 도서관과 프랭클린 연구소 도서관을 열심히 이용하며 책을 읽었고, 프랭클린 연구소에서 개최하는 강좌에 매일 저녁 참석하면서 기후학, 유기화학, 전기학 등 다양한 주제를 공부했다.

조지는 모험심이 가득한 소년이었다. 그의 아버지는 가난한 가운데서도 그를 성공회 사제로 키우고 싶어 했지만, 조지는 아버지의 소원을 들어주지 않았다. 그는 고민

끝에 스스로 학교를 그만둔 다음 얼마 동안 '학교 밖 공부'에 몰두한다. 하지만 16살이 되던 1855년, 조지는 마침내 오스트레일리아 멜버른을 거쳐 인도 콜카타(옛 명칭: 캘커타)까지 항해하는 힌두호(The Hindoo)에 승선했다. 바다의 '유혹'을 이기지 못한 것이다. 콜카타에 갔다 다시 미국으로 돌아오는 데 14개월이 걸렸다. 집에 돌아온 다음 헨리 조지는 친구들과 '로렌스 문학협회(Lawrence Literary Society)'라는 토론 동아리를 결성해 시(詩), 경제학, 몰몬교 등 다양한 주제에 관해 뜨겁게 토론했다. 그러나 긴 시간의 항해를 거치는 동안 자유를 만끽하며 훌쩍 성장한 조지는 자기 가정의 종교적 '경건함'을 더 이상 견디지 못했다. 1857년 마침내 그는 필라델피아 고향 집을 떠나 서부 캘리포니아로 이주했다.

그 후 조지는 가게, 광산, 방앗간, 농장, 인쇄소 등을 거치며 닥치는 대로 일했다. 그중 인쇄공으로 일한 기간이 제일 길었다. 노동자였던 헨리 조지가 직업으로 글을 쓰는 지식인 대열에 끼게 된 데는 특별한 계기가 있었다. 1865년 4월 15일 링컨 대통령 피살 소식을 전해 들은 조지는 격정적인 추도문을 써서 자신이 인쇄공으로 일하던 〈알타 캘리포니아(Alta California)〉지에 투고했다. 신문의 편집장은 헨리 조지의 기고문을 일단 머리글로 배치한 다음 글쓴이가 누구인지 찾아 나섰다. 글쓴이가 자기 신문사에서 인쇄공으로 일하는 사람이라는 것을 확인한 편집장은 즉각 조지를 발탁해 기사를 쓰게 했다. 가난뱅이 육체노동자가 단번에 지식인으로 변신하는 극적인 순간이었다. 그때부터 헨리 조지는 기자로, 자유 기고가로, 신문편집인으로 활약을 펼친다. 28세 때인 1867년에는 샌프란시스코 〈타임즈(Times)〉 편집국장이 되었으며, 얼마 후〈크로니클(Chronicle)〉의 편집국장으로 자리를 옮겼다. 1871년에는 직접 〈이브닝 포스트〉라는 신문사를 설립해 4년 동안 편집인으로 일하기도 했다.

조지는 언론인으로 활동하는 동안 사회문제를 깊이 들여다볼 수 있었다. 샌프란시스코 〈타임즈〉 편집국장 시절 그는 사설에서 자유무역, 지폐 발행 제도, 투표제도 개혁, 지방자치 제도, 여성의 권리 등 다양한 사회문제를 다루었다. 〈크로니클〉 편집국장 시절에는 토지 투기를 맹렬히 비판하는 사설을 연재하기도 했다. 경제학을 본격 연구한 것도 그 무렵부터인 듯하다. 사회문제의 핵심에는 늘 경제문제가 자리한다는 것을 금방 깨달았을 테니 말이다. 실제로 그 무렵 〈오버랜드 먼슬리(Overland Monthly)〉라는 잡지에 기고한 "철도가 우리에게 가져다주는 것"이라는 제목의 칼럼에서 조지는 철도의 완성과 그로 인한 경제적 부흥은 모든 사람이 아니라 소수에게만 이익이 될 뿐 가난한 사람은 더 살기 힘들어질 것이라는 주장을 펼친다.

중학교 중퇴자가 경제학 최고의 베스트셀러를 집필하다

언론인으로 활동하던 헨리 조지를 경제학자의 길에 들어서게 만든 결정적인 계기는 따로 있었다. 조지는 〈크로니클〉 편집국장으로 재직한 지 몇 주 만에 사주의 회사 운영 방침에 반발해 사임했다. 때마침 샌프란시스코 〈헤럴드(Herald)〉에서 미국 동부로 가서 AP 통신(The Associated Press) 회원 가입을 성사시켜 달라는 제안을 해왔다. 조지는 그 제안을 받아들여 1868년 12월 뉴욕으로 떠났다. 6개월 정도 뉴욕에 머무는 동안 그는 도시 한가운데 극도의 사치와 비참한 빈곤이 공존하는 상황을 목격하고는 충격을 받았다. 당시 뉴욕은 이미 서구에서 첫째가는 대도시였다.

뉴욕에서 헨리 조지는 무엇인가 신비한 체험을 했던 것

같다. 그는 후일 아일랜드 성직자였던 도슨(Thomas Dawson) 신부에게 보낸 편지에서 당시의 체험을 이렇게 회고했다. "어느 날 오후, 대로상에서 어떤 사상, 어떤 비전, 어떤 소명이 (달리 무엇이라고 표현할지) 제게 다가왔습니다. 저의 모든 신경이 전율하였습니다. 저는 그때 그 자리에서 맹세했습니다. 그 후 지금까지 저는 잘했건 못했건, 성취했건 못했건, 그 맹세에 충실하였습니다. 내가 『진보와 빈곤』을 쓸 수 있었던 것은 그 맹세 때문이었고, 실패할 수밖에 없는 상황에서 포기하지 않은 것도 그 맹세 때문이었습니다."

초자연적인 체험을 한 지 2년이 지나서 헨리 조지는 『연방과 주의 토지와 토지정책(Our Land and Land Policy, National and State)』이라는 소책자를 출간했다. 1871년 32살 때의 일이다. 부의 증가와 빈곤의 증가가 동시에 일어나는 이유는 토지가치의 상승에 있다는 것이 그 책자의 핵심 내용이었다. 그가 2년 전 뉴욕에서 목격한 충격적인 현실이 어디에서 기인하는지 분명히 밝힌 것이다. 하지만 조지는 소책자만으로는 그토록 중요한 문제를 충분히 다룰 수 없다고 판단했다. 마침내 그는 『진보와 빈곤』의 집필에 착수했다. 1877년 그때 그의 나이 38살이었다. 『연

『진보와 빈곤』

방과 주의 토지와 토지정책』 출간 후 6년이 지났으니 그
의 경제학 연구도 깊어질 만큼 깊어져 있었을 터다. 헨리
조지는 1년 반 만에 『진보와 빈곤』을 탈고했다. 한밤중 책
의 마지막 부분을 끝낸 조지는 벅찬 감동에 휩싸여 무릎
을 꿇었다. 소명을 완수했다는 생각에 "나머지는 주님의
손에 달려 있습니다"라고 고백하며 눈물을 흘렸다.

헨리 조지는 『진보와 빈곤』 원고를 애플턴(D. Appleton
& Co.)을 비롯한 몇 군데 출판사에 보내 출판을 의뢰했지
만, 모두 거절당했다. '너무 공격적이다', '혁명적이다'라

는 이유에서였다. 할 수 없이 그는 500부를 자비로 출판했다. 1879년의 일이었다. 불후의 명저 『진보와 빈곤』 초판이 자비 출판이었다는 사실은 아이러니다. 헨리 조지의 친구들이 애플턴사 사장을 만나서 출판을 설득한 결과, 사장은 마음을 바꿔 이전 결정을 뒤집었다. 우여곡절을 겪은 뒤 『진보와 빈곤』 애플턴 판이 나온 것은 1880년 1월이었다.

『진보와 빈곤』 애플턴 판도 처음에는 거의 관심을 끌지 못했다. 그러나 1880년 8월 헨리 조지가 경제적 어려움을 견디다 못해 캘리포니아에서 뉴욕으로 이주한 다음부터 상황은 급변했다. 주요 신문과 잡지에서 서평을 쏟아냈고, 논평 서적들도 발간되었다. 이 무렵 뉴욕에 자리하고 있던 〈아이리쉬 월드(Irish World)〉는 헨리 조지를 특파원으로 채용하여 아일랜드와 영국에 파견했다. 조지의 임무는 취재와 강연이었다. 1년 동안 아일랜드와 영국에 머물면서 그는 수많은 청중을 열광시키고 영향력 있는 지지자도 얻었다. 조지는 영국 골웨이(Galway)에서 위험인물로 몰려 두 번이나 체포되고 잠시 투옥되기도 했는데, 이 사건은 세계적인 뉴스가 되었다. 외국 생활을 마치고 귀국하자 헨리 조지는 이미 저명인사가 되어 있었다.

『진보와 빈곤』도 크게 성공했다. 책은 다시 찍기를 거듭
했고, 독일어, 프랑스어, 스웨덴어, 스페인어, 네덜란드어,
러시아어 등으로 번역되었다. 19세기 말 최고의 베스트
셀러는 이렇게 탄생했다.

　『진보와 빈곤』 출간 이전에도 헨리 조지는 영화 같은
삶을 살았지만, 그 이후에도 마찬가지였다. 그는『아일랜
드의 토지문제(The Irish Land Question)』,『사회문제의
경제학(Social Problems)』(1883),『보호무역인가, 자유무
역인가(Protection or Free Trade)』(1886),『노동의 상태,

헨리 조지

교황 레오 13세께 드리는 공개서한(The Condition of Labor, An Open Letter to Pope Leo ⅩⅢ)』(1891), 『정치경제학(The Science of Political Economy)』(사후 출간) 등 뛰어난 책을 집필하며 경제학자로서 명성을 높여갔다.

헨리 조지의 활동은 경제학 연구에 머물지 않았다. 그는 아일랜드의 '아일랜드 토시언맹', 영국의 '토지개혁연맹', 스코틀랜드의 '스코틀랜드 토지회복연맹', 캐나다의 '노동의 기사' 등 사회단체가 벌이는 토지개혁 운동을 적극적으로 지원했으며, 미국 내에서는 빈곤추방협회(Anti-Poverty Society)에서 핵심적인 역할을 맡았다. 헨리 조지는 자신이 옳다고 믿는 바를 행동으로 옮기는 실천적 지식인이었다.

헨리 조지는 마침내 정치에도 발을 내딛게 된다. 1886년과 1897년 두 차례 뉴욕시장 선거에 출마했으며, 1887년에는 뉴욕주 지방선거에 출마하기도 했다. 1886년과 이듬해의 선거에서는 낙선의 고배를 마셨고, 1897년의 선거에서는 투표를 나흘 앞두고 세상을 떠났다. 정치인이 될 마음이 없었던 조지가 세 차례나 선거에 나섰던 데는 주변 사람들의 강한 권유도 있었지만, 어떻게 해서든 '진보 속의 빈곤'을 해결하고자 했던 그의 소명 의식이 크게

1897년 뉴욕시장 선거 유세

작용했다.

헨리 조지는 뉴욕시 브루클린에 있는 그린우드 공원묘지(Green-Wood Cemetery)에 묻혔다. 2018년 4월 필자는 직접 그린우드 공원묘지에 가서 그의 묘소에 참배했다. 거기에는 그의 아내, 아들, 딸들의 비석도 있었다. 헨리 조지 흉상 뒤에는 큰 비석이 세워져 있는데, 그 뒷면에는 다음과 같은 구절이 새겨져 있다. 『진보와 빈곤』 결론에서 헨리 조지가 썼던 내용이다.

"지금까지 내가 밝히려고 노력한 진리는 쉽사리 수용되지 않을 것이다. 수용이 쉬운 진리였다면 벌써 수용되었을 것이다. 수용이 쉬운 진리였다면 은폐되지도 않았을 것이다. 그러나 이 진리에도 지지자는 반드시 있다. 이 진리를 위해 수고하고 고통받고 심지어는 죽기도 할 것이다. 바로 이것이 진리의 힘이다."

경제학자라는 한마디 말로 헨리 조지의 삶을 묘사하기는 어렵다. 그는 언론인, 사회개혁가, 정치인, 경제학자 등

뉴욕시 그린우드 공원묘지 내 헨리 조지 묘소

어떤 말로 불러도 어색하지 않은 인물이다. 그러나 오늘날까지 미친 영향으로 볼 때, 헨리 조지는 경제학자로 부르는 것이 가장 적절하다. 언론인, 사회개혁가, 정치인으로서의 삶은 이미 과거의 일이 되었지만, 그의 경제사상은 살아남아서 여전히 영향을 미치고 있기 때문이다. 정규 엘리트 교육을 받지 않았다는 이유에서 그를 전문 경제학자로 대우하지 않는 분위기는 그 당시부터 지금까지 이어지고 있다. 심지어 21세기 최고의 불평등 연구자 토마 피케티조차 헨리 조지를 "독학자인 문필가"라 일컬으며 조롱한다. 그러나 경제사상 연구의 대가인 슘페터(Joseph Alois Schumpeter, 1883~1950) 교수의 말에 따르면, 헨리 조지는 분명 "경제학자이다. 그는 당시 정식 교육을 통해 얻을 수 있었던 경제학 지식과 논리의 대부분을 학교 밖에서 습득했다." 20년 이상 헨리 조지 경제학을 논파하는 일에 몰두했던 클라크(John B. Clark, 1847~1938)는 한계생산력설을 창안한 것으로 잘 알려졌는데, 자신의 이 학설은 헨리 조지의 임금 이론을 집중적으로 검토하는 가운데 아이디어를 얻어 만들었다고 스스로 고백한 바 있다. 19세기 말~20세기 초 미국에서 신고전학파 경제학이 성립하던 시기에 클라크 외에도 워커

(Francis Walker), 셀리그먼(Edwin Seligman), 일리 (Richard T. Ely), 나이트(Frank Knight) 등 당시 미국 경제 학계를 쥐락펴락하던 쟁쟁한 학자들이 헨리 조지 비판을 위해 합동작전을 벌이다시피 했다. 이는 그만큼 헨리 조지 경제학의 수준과 영향력이 대단했음을 방증한다.

사실 많은 경제학자 가운데 헨리 조지만큼 영예를 누린 사람은 거의 없다. 사후에 자기 이름을 딴 단체가 여러 나라에서 조직되어 지금까지 활동하고 있고, 그를 따르는 사람들을 조지스트라고 부르니 말이다. 마르크스나 케인스 등 극소수의 경제학자 외에 추종자들을 이렇게 부르는 일은 없다.

우리 시대의 수수께끼, 진보 속의 빈곤

헨리 조지가 『진보와 빈곤』에서 초점을 맞추었던 것은, 물질적 진보가 일어나는데도 빈곤은 오히려 심해지는 현상이었다. 물질적 진보란 같은 수의 사람이 같은 시간 동안 생산하는 물건의 양이 늘어나고, 생산물의 질이 좋아지며, 예전에 없던 물건이 새로 생산되는 현상을 가리킨다. 그래서 많은 사람은 어떤 사회에서 물질적 진보가 일어나면 그 사회의 구성원들이 다 같이 풍요로워진다고 생각한다. 조지에 따르면 이런 생각은 착각이다. 물질적 진보는 모든 사람을 풍요롭게 만들기는커녕 빈곤을 심화시키는 작용을 한다는 것이다.

"사회가 모든 문명사회가 지향하는 상태를 이룩하고 물질적 진보라는 기준에서의 진전을 이루면 – 즉, 주거 밀도가 높아지고 다른 지역과의 관계가 긴밀해지고 노동 절약적인 기계가 많이 이용되어 생산과 교환의 경제성이 높아지고 그에 따라 총량 및 일인당의 부가 증대되면 – 빈곤 문제는 더 어두워진다. 일부 계층의 생활은 무한정으로 개선되고 편리해지지만, 나머지 사람들은 생계를 꾸려나가기도 힘들게 된다. 기차가 생기면 부랑자도 생기고, 물질적 진보가 이루어져서 고급스러운 주택, 상품으로 가득 찬 창고, 거대한 교회가 생기면 빈민구호소와 감옥도 틀림없이 생기게 마련이다. 가스등이 켜지고 제복 입은 경관이 순찰을 도는 거리에는 거지들이 행인을 기다리며, 대학과 도서관과 박물관의 그늘에는 머콜리(Thomas B. Macaulay, 1800~1859)가 예견했듯이 훈족(Huns)보다 무섭고 반달족(Vandals)

보다 세찬 야만인의 무리가 있다."(『진보와 빈곤』, 30~31쪽).

물질적 진보가 진행되어 쓸 수 있는 물자가 늘어나면 사람들의 경제생활이 풍요로워져야 마땅한데, 빈곤은 줄기는커녕 오히려 더 증가한다. 이상한 일이 아닌가? 그래서 조지는 이런 현상을 '우리 시대의 수수께끼'라 불렀다. 그는 이 수수께끼 같은 경제 현상이 특정 국가나 지역에서만 나타나는 것이 아니라는 데 주목했다.

"이러한 현상은 정치제도나, 정부 재정이나, 인구밀도나, 사회조직과 관계없이 공통되어 있기 때문에 일부 지역에 국한된 원인으로는 설명할 길이 없다. 대규모 군대를 유지하는 나라에 고통이 있는가 하면 군대의 규모가 미미한 나라에도 고통이 있다. 보호무역을 실시하는 나라에 고통이 있는가 하면 무역이 거의 자유로운 나라에도 고통이 있다. 독재 정부가 지배하는 나라에 고통이 있는가 하면 정치권력이 전적으로 국민의 손에 있는 나라에도 고통이 있다."(『진보와 빈곤』, 29~30쪽).

헨리 조지는 '진보 속의 빈곤'이 특정 지역의 특수한 사정이 아니라 진보 그 자체에 의해 발생한다고 결론을 내린 다음, 왜 그렇게 되는지 탐구하기 시작한다.

분배이론

어떤 사람이 부유한지 가난한지 측정하는 데 가장 많이 활용되는 지표는 소득이다. 소득이 높으면 부유하게 살고 소득이 낮으면 가난하게 살 수밖에 없다. 소득을 얻으려면 어떤 방식으로든 생산과정에 참여해야 한다. 직장에 나가서 일하든지, 기계나 설비 등을 제공하든지, 토지나 자연 자원을 공급하든지 해서 생산에 기여하면 그 대가로 소득을 얻는다. 한마디로 사람들은 자신이 가진 노동, 자본, 토지 등의 생산요소를 기업에 제공하는 대신 소득을 대가로 받는 것이다. 잘 알다시피 노동을 제공하는 사람은 노동자, 자본을 제공하는 사람은 자본가, 토지를 제공하는 사람은 지주이다. 경제학에서는 노동자가 노동을 제공한 대가로 받는 소득을 임금, 자본가가 자본을 제공한 대가로 받는 소득을 이자(혹은 이윤), 지주가 토지나 자연 자원을 제공한 대가로 받는 소득을 지대라고 부른다. 또 생산액이 임금, 이자(혹은 이윤), 지대 등의 소득으로 나뉘는 전체 과정을 분배라고 한다. 헨리 조지는 자본 제공의 대가로 이자와 이윤 둘을 혼용하는 데 반대하고 이자로 일원화하자고 주장했다. 이윤에는 자본 사용의 대가인 이자 외에 기업 관리에 대한 임금이나 위험부담에 대한 보상 등 이질적인 요소가 들어 있다는 이유에서다. 아래에서는 그의 주장을 따르기로 하자.

헨리 조지가 진보 속의 빈곤이라는 우리 시대의 수수께끼를 풀기 위해 출발점으로 삼은 것은 다음의 항등식이다. 항등식이 언제나 타당한 관계를 표현하는 식이라는 것은 알고 있으리라 믿는다.

$$\text{생산액} \equiv \text{임금} + \text{이자} + \text{지대} \quad\text{──────── 식(1)}$$

이 식에서 지대를 왼쪽으로 옮기면 다음의 식이 된다.

$$\text{생산액} - \text{지대} \equiv \text{임금} + \text{이자} \quad\text{──────── 식(2)}$$

식(1)만 보고 있으면, 물질적 진보로 생산액이 증가할 때 임금, 이자, 지대가 모두 증가할 것만 같은 착각에 빠질 수 있다. 하지만 식(2)에서 알 수 있듯이, 생산량이 증가하더라도 지대가 더 빠른 속도로 증가한다면, 임금과 이자의 합계는 생산량보다 느린 속도로 증가하거나 아니면 감소할 것이다. 임금과 이자의 합계가 이런 양상을 보인다는 것은, 주로 그 두 소득으로 살아가는 일반 대중이 상대적으로, 혹은 심한 경우 절대적으로 빈곤해진다는 이야기다 (자본가를 일반 대중에 포함시키는 데는 논란의 여지가 있다).

물질적 진보는 사회 전체를 아래에서부터 들어 올리는 힘으로 작용하기보다는 일부 상류층만 들어 올리고 다수 대중을 아래로 끌어내리는 식으로 작용하기 쉽다는 것이 조지의 생각이다.

"물질적 진보라고 하는 … 새로운 힘은 기본적으로 사회를 향상시키는 효과가 있지만, 오랫동안의 희망과 믿음과는 달리 사회구조의 밑바닥에서부터 작용하지 않고 상층과 하층의 중간 어느 지점에 작용한다. 마치 커다란 쐐기가 사회의 밑바닥이 아니라 그 한가운데를 관통하는 것과 같다. 그리하여 분리점의 상층에 있는 사람들은 향상되지만, 그 하층에 있는 사람들은 부서지고 만다."(『진보와 빈곤』, 32쪽).

관건은 물질적 진보에 따라 생산량이 증가할 때 과연 지대가 그보다 더 빠른 속도로 증가하는가, 다시 말해 생산액 중에서 지대의 비중은 증가하고 '임금 + 이자'의 비중은 감소하는가이다. 이것을 입증하지 못하면, 헨리 조지의 주장은 초등학생도 할 수 있는 간단한 수식 놀음으로 끝나버릴지 모른다.

조지는 『진보와 빈곤』 제4권(여기서 '권'은 오늘날의 '장章'을 의미한다)에서 물질적 진보가 일어날 때 지대가 생산량보다 빠른 속도로 증가한다는 사실, 즉 지대의 비중이 증가하는 반면 '임금 + 이자'의 비중은 감소한다는 사실을 상세하게 논증했다. 그의 논증은 우선, 물질적 진보가 일어날 때 수반하는 세 가지 현상을 가려내고, 그다음 그 세 요인이 각각 생산량, 지대, '임금 + 이자'에 어떤 영향을 미치는지 분석하는 방식을 취했다. 여기서 말하는 세 요인이란 인구의 증가, 기술 개선을 비롯한 각종 사회적 개선(교육, 문화 등), 미래 경제 상황에 대한 낙관적 전망을 가리킨다.

헨리 조지가 분석에 활용한 이론은 고전학파 경제학자 리카도의 차액지대론이었다. 여기서 차액지대론의 내용을 설명하고, 조지가 그 이론을 이용해서 행한, 분배 변화에 대한 분석을 세세하게 소개하는 것은 적절치 않을 것 같다. 괜히 경제학 전공자가 아닌 독자들을 괴롭힐 수도 있기 때문이다. 자세한 내용이 궁금한 독자들은 필자의 책 『토지의 경제학』(돌베개, 2012)을 참고하기 바란다.

이런 경우에는 오늘날 우리 주변에서 일어나는 경제 현상을 통해 직관적으로 이해하는 것이 더 빠르고 정확할 수 있다. 독자들은 언론에서 "조물주 위에 건물주", "갓물주가 된 건물주" 같은 표현을 접한 적이 있을 것이다. 토지와 건물, 즉 부동산을 가진 건물주가 하느님 같은 존재로 올라섰다는 말이다. 건물주의 위세가 얼마나 대단한지, 요즘 초등학생들의 첫 번째 꿈이 빌딩 소유주라는 이야기가 돌아다닐 정도다. 젠트리피케이션(gentrification)은 어떤가? 이 말은 점점 쇠퇴하고 있던 낙후 지역의 상가에 음악가나 미술가 등 문화예술인이 세입자로 들어와서 활발한 활동으로 지역을 부흥시키면, 상가 주인이 임대료를 터무니없이 올리는 바람에 부흥의 주역들이 그 지역에서 밀려나는 현상을 가리키는 용어다.

요즘 한국 사회에서 일어나고 있는 이런 현상들은 지주와 지대의 위력을 유감없이 보여준다. 토지와 부동산을 빌려서 사용하는 임차인들이 열심히 노력해서 생산을 늘리더라도 지주와 건물주가 임대료를 높이면 생산 증가분은 노력한 사람이 아니라 지주와 건물주에게 돌아간다. 그렇게 되면 임차인의 소득은 상대적으로 감소할 수밖에 없다. 한국은 '자영업자의 무덤'이라 불린다. 자영업자 수가 너무 많고 프랜차이즈 본사의 횡포가 심하다는 이유도 있지만, 날이 갈수록 무거워지는 지대 부담도 난난히 한몫한다.

5장에서 보겠지만, 2014년 『21세기 자본(Capital in the Twenty-First Century)』 영어판을 출간하여 세계 경제학계에 경종을 울린 토마 피케티는 20세기 중반 역사상 유례없는 분배 개선을 경험했던 자본주의가 점차 세습자본주의로 전락하고 있다고 주장한다. 소득과 부가 자산을 가진 상위계층에 점점 더 집중되고 있어서 21세기 말에는 불평등이 극심했던 벨 에포크(belle époque: '아름다운 시대'라는 뜻으로 1871~1914년의 프랑스 사회를 지칭하는 용어)가 도래할 것이라 예언하기도 한다. 피케티의 연구를 검토한 여러 경제학자는 20세기 후반 이후 심각해지고 있는 불평등은 다름 아닌 토지가치의 상승에서 비롯된다는 사실을 발견했다. 토지가치 상승에 따른 불평등 확대, 이는 이미 헨리 조지가 140년 전에 주장했던 내용이 아닌가? 19세기 경제학자가 가졌던 문제의식이 오늘날에도 여전히 유효하니 그의 대표작 『진보와 빈곤』은 마땅히 경제학 고전의 반열에 올라야 한다.

지대는 불로소득이다

헨리 조지는 노동자가 얻는 임금과 자본가가 얻는 이자를 노력소득으로 보아 정당하다고 간주했다. 노동자는 땀 흘려 일해서 생산에 기여하고, 자본가는 과거에 땀 흘려 벌어들인 소득을 저축해서 만든 자본으로 생산에 기여하기 때문에, 그 둘은 생산을 위해 일정한 희생을 한다고 보고 그렇게 한 것이다. 한편, 조지는 지주가 얻는 지대는 불로소득으로 분류했다. 토지는 분명 생산성을 발휘해서 생산에 기여하지만, 그것을 소유하는 지주는 토지 그 자체와 토지의 생산성을 위해 아무런 비용도 부담하지 않았기 때문이다. 토지를 만든 것은 창조주이며, 토지 생산성을 만들고 높이는 것은 국가와 사회다. 국가가 도로, 철도, 교량, 지하철 등을 건설하면 주변 지역 토지의 생산성이 올라간다. 어떤 지역에 사람들이 모여들고 다양한 사회 활동이 이뤄지면 그 지역 토지의 생산성이 올라간 것과 같은 효과가 발생한다. 지주가 지대를 얻는 것은 생산을 위해 비용을 내고 희생하기 때문이 아니라 사회가 그에게 지대를 차지할 수 있도록 절대적·배타적 소유권을 인정하는 제도를 도입했기 때문이다.

이처럼 임금과 이자를 노력소득으로, 지대를 불로소득으로 본다면, 물질적 진보가 진행될 때 지대가 '임금 + 이자'보다 빨리 증가해서 지주는 점점 부유해지고 일반 대중은 점점 가난해지는 현상은 제도를 잘못 만들어서 생기는 불의한 결과다. 조지가 우리 시대의 수수께끼라고 부른 '진보 속의 빈곤'은 지대의 급속한 증가와 소수에의 편중에서 비롯되는 것이었기 때문에, 그가 지주의 부유함과 대중의 빈곤을 용납할 수 없었던 것도 충분히 이해가 간다.

"생산하는 사람이 소유해야 하고 저축하는 사람이 누려야 한다는 것은 인간의 이성과 자연적 질서에 부합하는 말이다. 여기에 비춰보면 현재의 불평등은 정당화될 수 없다. 사실, 대부호들 중에 공정하게 부를 획득한 사람이 몇 명이나 될까? 그들이 소유한 부 가운데 소유자 자신이나 그들에게 부를 건네준 사람들이 생산한 것의 비중이 얼마나 될까? … 재산 보유액이 수백만 달러에

달하는 사람들을 보면, 독점적 요소, 즉 다른 사람이 생산한 부를 전유하는 행위가 개입되지 않은 경우를 발견하기 어렵다. 그들에게서는 뛰어난 근면성, 기술 또는 자기 부인(self – denial)과 같은 요인은 전혀 찾아볼 수 없고, 그저 다른 사람보다 운이 더 좋았거나 훨씬 더 파렴치한 행동을 일삼았다는 흔적만 드러나는 경우가 많다."(『사회문제의 경제학』, 78쪽)

"토지가치(지대를 의미한다: 인용자)는 노동에 의해 창출된 부를 차지할 수 있도록 하는 토지소유권의 힘에 달려 있으며, 토지가치의 증가는 언제나 노동의 가치를 희생시킴으로써 이루어진다. … 토지가치 증가에 따라 부와 결핍이 대조적으로 발생하는 현상은 어디서나 볼 수 있는 일반적인 사실이다. 토지가치가 가장 높은 지역의 문명에 최대의 호사와 최악의 빈곤이 병존하는 현상도 보편적인 사실이다. 가장 비참하고 가장 무기력하고 절망적인 상태의 인간을 보려면 울타리도 없는 초원지대나 숲속 신개척지의 통나무집이 아니라 한 뼘의 땅을 소유해도 큰 재산이 되는 대도시에 가면 된다."(『진보와 빈곤』, 235쪽).

위의 인용문에 토지가치라는 용어가 나오므로, 여기서 잠깐 설명하고 넘어가자. 토지가치에는 지금까지 다뤄온 지대 외에 땅값, 즉 지가가 있다. 지대가 토지를 사용하는 대가라고 한다면, 지가는 토지 그 자체의 가격이다. 지대는 토지 임대시장에서 성립하는 임대가격이고, 지가는 토지 매매시장에서 성립하는 매매가격이다. 조지는 지대와 지가 모두를 토지가치라는 용어로 표현할 때가 많으므로, 그의 책에서 토지가치라는 말이 나올 때는 문맥에 따라 잘 구별해야 한다. 지주는 지대 소득뿐만 아니라 지가가 오를 때 생기는 시세 차액을 얻을 수 있다. 지가의 시세 차액도 지주가 아무 비용도 치르지 않고 가만히 앉아서 얻는 소득이기 때문에 지대와 마찬가지로 불로소득이다.

헨리 조지는 불로소득인 토지가치를 지주가 독차지하도록 허용하는 토지사유제를 맹렬히 비난했다. 이 제도는 토지를 소유하지 않은 사람들의 자연권을 부정하며, 이는 필연적으로 분배 불평등으로 이어진다는 이유에서다. 토지사유제는 자연은 인간의 노력에 따라 향유된다고 하는 자연의 근본 법칙에 위배된다. 이 제도 아래에서는 "어떤 사람은 생산 없이 이익을 얻고 어떤 사람은 이익 없이 생산만 한다. 어떤 사람은 부당하게 부자가 되고 어떤 사람

은 자기 몫을 강탈당한다."(『진보와 빈곤』, 347쪽) 조지는
토지사유제를 인정하면 자유는 유명무실해지고 많은 사
람이 노예로 전락한다고까지 주장한다. "한 사람이 다른
사람들의 생활 터전인 토지를 배타적으로 소유하면 노예
상태가 조성될 것이고, 물질적 진보가 진행될수록 그 정
도가 반드시 심해진다."(『진보와 빈곤』, 362쪽) 조지는 토지
사유제 아래 노동자의 처지를 "토지사유제는 맷돌의 아랫
돌이다. 물질적 진보는 맷돌의 윗돌이다. 노동 계층은 증
가하는 압력을 받으면서 맷돌 가운데에서 갈리고 있
다."(『진보와 빈곤』, 362쪽)라고 묘사했다. 여기서 부동산
문제로 고통받고 있는 한국의 서민들을 떠올린다고 하면
지나친 말이 될까?

조지는 토지사유제에서 불평등이 심해지면 민주주의의
기반이 침식된다는 점도 분명히 지적했다. 분배 불평등이
심해지는 상황에서 정치적 평등은 궁극적으로, 조직화한
독재에 의한 전제 체제나 그보다 나쁜, 무질서 속의 전제
체제를 낳을 가능성이 크다고 경고하기도 했다. 2010년
대 미국에서 등장한 트럼피즘(Trumpism: 2016년 미국 공
화당 대선후보로 선출되어 마침내 대통령이 된 도널드 트럼프
의 극우적 주장에 대중이 열광한 현상)은 헨리 조지의 경고

가 허황하지 않았음을 여실히 입증했다. 우리도 다음과 같은 조지의 경고를 항상 마음에 새겨야 하지 않겠는가?

"부패한 민주정에서는 언제나 최악의 인물에게 권력이 돌아간다. 정직성이나 애국심은 압박받고 비양심이 성공을 거둔다. 최선의 인물은 바닥에 가라앉고 최악의 인물이 정상에 떠오른다. 악한 자는 더 악한 자에 의해서만 쫓겨날 수 있다. 국민성은 권력을 장악하는 자, 그리하여 결국 존경도 받게 되는 자의 특성을 점차 닮게 마련이어서 국민의 도덕성이 타락한다. 이러한 과정은 기나긴 역사의 파노라마 속에서 수없이 되풀이되면서, 자유롭던 민족이 노예 상태로 전락한다."(『진보와 빈곤』, 533쪽).

불황도 땅과 관련이 있다

헨리 조지는 진보 속의 빈곤뿐만 아니라, 자본주의를 주기적으로 괴롭히는 불황도 토지가치의 변화로 설명했다. 토지에서 생기는 불로소득을 노리고 투기가 일어나면 토지가치가 평소보다 훨씬 빨리 상승하게 되고, 이것이 생산 부문과 금융에 심각한 압박을 가해 은행과 기업이 줄줄이 도산하고 실업자가 양산되는 불황이 발생한다는 것이다. 조지는 복잡한 생산 장치, 화폐의 결함, 변동이 심한 상업 신용, 보호관세 등의 요인들도 불황을 초래할 수 있지만 가장 중요한 요인은 토지가치의 투기적 상승이라고 생각했다. 가까이는 2008년 미국의 서브프라임 모기지(비우량 주택담보대출) 위기, 멀리는 1990년대 초 시작된 일본의 장기침체가 부동산 가격의 급격한 변동에서 비롯됐다는 점을 생각하면 조지의 불황 이론이 얼마나 뛰어난 통찰을 담고 있었는지 짐작할 수 있다. 두 사건 외에도 전 세계적으로 부동산 가격의 폭등과 뒤이은 폭락 때문에 경제위기를 겪은 사례는 많다. 헨리 조지의 불황 이론은 계속 발전하여 최근에는 조지스트들이 가장 자신 있게 주장하는 이론이 되었다.

2008년 조지스트 불황 이론의 위력을 증명하는 한 가지 에피소드가 영국에서 있었다. 장하준 교수의 『그들이 말하지 않는 23가지』에 나오는 이야기다. 그해 11월 영국 여왕 엘리자베스 2세가 세계 최고의 경제학과를 가진 런던정경대학(London School of Economics and Political Science, LSE)을 방문했다. 루이스 가리카노(Luis

Garicano) 교수는 여왕 앞에서 당시 세계를 강타하고 있던 금융위기의 원인과 상황을 분석한 보고서를 발표했다. 교수의 발표를 듣고 난 후 여왕은 "왜 아무도 이런 일을 예상하지 못했나요?"라고 물었다고 한다. 단순한 질문 같지만, 정곡을 찌른 것이었다. 가리카노 교수가 당황하는 모습이 눈에 그려진다. 여왕의 질문은 금융위기 예측에 무능했던 주류 경제학자 전체를 향한 것이었다. 그들과는 대조적으로, 토지가치의 변동을 중시하는 조지스트 경제학자 중에는 금융위기가 발발하기 몇 년 전부터 2008년을 전후하여 대규모 위기가 있을 것이라 경고한 사람이 여러 명 있었다.

사실 분배 불평등과 불황은 현대 사회를 괴롭히는 대표적인 경제문제다. 그런데도 오늘날 주류 경제학은 이 두 경제문제에 대해 정확한 진단과 처방을 제시하지 못하고 있다. 조지의 경제사상에 두 가지를 전부 일관성 있게 설명하는 뛰어난 통찰이 담겨 있는 것과 대조를 이룬다. 어느 때보다도 헨리 조지의 경제이론을 재조명할 필요가 큰 시절이다.

땅은 우리 모두의 것! 평등지권의 중요성

토지의 생산성에 아무런 기여도 하지 않은 지주가 매년 꼬박꼬박 지대를 가져가고, 지대 소득의 비중이 다른 소득에 비해 자꾸 커지고, 토지가치의 급격한 변동 때문에 불황이 발생하는 것은 모두 지주에게 절대적 토지소유권을 인정하는 제도를 도입했기 때문이다. 그렇다면 문제를 해결하기 위해서는 토지제도를 바꿔야 한다는 결론에 도달한다.

조지는 사람들이 비용을 들이고 희생해서 얻는 소득과 그것을 저축해서 만드는 재산에 대해서는 절대적 소유권을 인정해야 한다고 주장했다. 하지만 토지는 조물주가 인류에게 거저 주신 천부 자원으로, 공급과 위치가 고정되어 있으며, 특별한 경우 외에는 영원히 존속하는 자원이다. 또 토지의 가치는 소유자의 노력이 아니라, 국가가 제공하는 공공서비스와 사회의 발전에 의해 발생하고 변화한다. 그래서 조지는 토지와 자연 자원에 대해서는 특정 개인에게 소유권을 부여할 것이 아니라 모든 사회 구성원이 똑같은 권리를 누리도록 하는 것이 정의롭다고 여겼다. 아시아의 대표적인 조지스트 쑨원(孫文, 1866~1925, 중화민국의

쑨원

초대 총통. 지금도 중국에서는 국부로 추앙받고 있다)은 이 원칙을 평균지권이라 표현했는데 여기서 '평균'은 한국에서는 평등의 의미이므로 한국의 조지스트들은 이를 평등지권이라 부른다.

어떻게 하면 모든 국민에게 평등지권을 보장할 수 있을까? 국토를 국민 인구수대로 똑같이 쪼개서 나눠주면 될까? 얼핏 생각하면 토지를 국민 모두에게 똑같이 분배하면 평등지권을 실현할 수 있을 것 같다. 하지만 조금만 깊이 생각하면 이 방법은 현실성이 떨어진다는 것을 알 수 있다. 전체 토지를 국민 모두에게 똑같이 분배하려면 현재의 토지소유권을 모두 무시하고 몰수하는 수밖에 없는데, 그것은 실현 불가능한 일이다. 설사 가능하다고 하더라도 토지를 평등하게 분배하는 것은 여간 어려운 일이 아닐 것이다. 또 분배할 때는 평등하게 했더라도 시간이 지나면 토지가치가 달라져서 금방 불평등한 상태로 바뀐다. 게다가 토지 소유자들이 토지를 매매하기 시작하면 얼마 지나지 않아 토지는 다시 소수에게 집중될 것이다.

토지가치세를 도입하자!

헨리 조지가 주창한 방법은 조세를 활용하는 것이었다. 그는 토지 소유자가 차지하고 있는 지대를 조세로 징수하자고 주장했다. 조지는 이 세금을 토지가치세(Land Value Tax)라고 불렀다. 형식상 토지소유권은 기존 소유자의 수중에 그대로 둔 채 지대의 대부분을 조세로 징수하고, 그 수입을 모든 사람에게 균등하게 혜택이 돌아가도록 사용하자는 내용이었다.

"현재 토지를 보유하고 있는 사람은 그대로 토지를

가지게 한다. 각자 보유하는 토지를 지금처럼 '내 땅'이라고 불러도 좋다. 토지매매도 허용하고 유증, 상속도 하도록 한다. 속알만 얻으면 껍질은 지주에게 주어도 좋다. 토지를 몰수할 필요는 없고 단지 지대만 환수하면 된다. … 이미 우리는 지대의 일부를 조세로 걷고 있다. 그러므로 단지 조세의 방법만 약간 바꾸어 지대 전체를 걷으면 된다. 그러므로 나는 지대를 모두 조세로 징수하자고 제안한다. … 형식상 토지소유권은 지금처럼 개인의 수중에 그대로 있다. 아무도 토지소유권을 박탈당하지 않으며 토지 소유량에 대한 제한도 없다. 그러나 국가가 지대를 조세로 걷기 때문에 토지 소유가 누구의 명의로 되어 있건 토지 소유량이 얼마가 되건 간에 토지는 실질적으로 공동재산이 되며 사회의 모든 구성원이 토지 소유의 이익을 공유할 수 있다."(『진보와 빈곤』, 409~410쪽).

조지는 『진보와 빈곤』 제8권 제3장에서 토지가치세가 얼마나 좋은 세금인지 상세하게 논증했다. 이 논증에 대해서는 헨리 조지를 싫어하는 경제학자들조차 옳다고 인정했다. 여느 세금들과는 달리 토지가치세는 생산과 소비

등의 경제활동을 위축시키지 않는다. 조세 징수에 행정비용이나 사회적 비용이 적게 들 뿐만 아니라, 세원이나 조세 징수 과정이 투명하고, 국가와 사회로부터 받는 혜택에 비례해서 부담을 지운다. 세금을 싫어하는 신자유주의의 양대 산맥인 하이에크(Friedrich August von Hayek)와 프리드먼(Milton Friedman)조차 토지가치세에 대해 칭찬을 아끼지 않은 것은 그것이 그만큼 우수한 세금이기 때문이다. 두 사람만이 아니다. 경제학의 시조 애덤 스미스, 고전학파 경제학을 집대성한 존 스튜어트 밀, 한계혁명을 주창한 레옹 발라(Leon Walras), 신고전학파 경제학을 창시한 알프레드 마샬(Alfred Marshall), 그의 제자 아서 피구(Arthur Pigou), 제도학파 경제학의 시조 커먼스(John R. Commons), 산업을 1·2·3차로 분류한 것으로 유명한 콜린 클라크(Colin Clark), 노벨경제학상을 받은 윌리엄 비크리(William Vickrey)와 조지프 스티글리츠(Joseph Stiglitz) 등 저명 경제학자들이 토지가치세의 우수성을 인정하거나 적극 지지했다.

헨리 조지는 토지가치세를 걷는 대신에 경제에 부담을 주는 다른 모든 세금을 철폐하자고 주장했다. 이른바 토지단일세(Single Tax) 주장이다. 토지가치 총액이 공공경

비를 감당하기에 충분하다는 세입충분성 명제를 근거로 활용했다. 토지단일세 주장은 토지가치세 수입을 다른 세금을 폐지하는 데 쓰자는 이야기인데, 그것이 평등지권을 실현하는 방법이 될 수 있는지에 대해서는 논란의 여지가 있다. 필자의 추측으로는 조지가 토지단일세를 주장한 데는 정치 전략적 고려가 작용했다. 토지가치세 수입만으로 국가 운영에 필요한 공공경비 전부를 조달할 수 있는지에 대해서도 논쟁이 있다. 그래서 일각에서는 토지가치세 수입을 감세에 쓰지 말고 모든 국민에게 1/n씩 똑같이 기본소득으로 나눠주자고 주장한다. 주식회사에서 주주에게 배당금을 지급하듯이 국가가 토지가치세 수입으로 주권자인 국민에게 배당금을 지급하자는 말이다.

어떤 방법으로든 토지가치세를 제대로 걷어서 모든 국민에게 공평하게 혜택이 돌아가도록 세수를 사용한다면 다음과 같은 경제적 효과가 발생할 것이라 예상된다. 아래 내용은 조지가 『진보와 빈곤』 제9권에서 상세히 설명한 토지가치세의 효과 중 중요한 부분을 뽑은 것이다.

첫째, 토지가치세는 토지의 투기적 보유를 억제하는 대신 토지의 생산적 이용을 촉진한다. 이용할 생각 없이 토지를 보유하는 사람은 세금 부담 때문에 투기 목적으로 보유하는 토지를 매각하는 반면, 효율적으로 이용하고자 하는 사람은 손쉽게, 저렴하게 토지를 확보할 수 있다. 경제 전체에서 토지의 생산적 이용이 촉진되므로 경제의 활력이 증가한다.

둘째, 토지가치세는 토지 투기를 억제하여 토지가치의 급격한 변동을 완화한다. 토지가치의 급격한 변동이 감소하면 그로 인해 불황이 발생하는 일도 줄어든다.

셋째, 토지가치세는 소득 불평등의 근본 원인인 지대의 사유화를 봉쇄하여 임금과 이자의 감소를 막고 소득분배를 평등하게 만든다. 게다가 세수를 국민 모두에게 공평하게 분배하기 때문에, 토지가치(지대)는 지금처럼 불평등을 야기하는 것이 아니라 오히려 평등을 촉진하는 작용을 하게 된다. 이렇게 형평성이 제고되면 사회 곳곳에서 낭비와 손실이 줄어들고 노동 능률은 향상된다. 이는 다시 생산의 증가로 이어진다.

넷째, 토지가치세는 빈곤으로 인한 각종 사회악을 감소시켜 빈곤 관련 정부 기능을 줄인다. 빈곤층을 위한 복지 지출도 절감된다. 이렇게 정부가 간소화되고 정부 지출이 줄어들면 보다 적은 비용으로 정부를 운용할 수 있으므로 공공부문의 효율이 높아진다.

한마디로 헨리 조지의 토지가치세는 불평등을 완화하고, 불황을 방지하며, 경제의 활력을 증진하는 일석삼조의 방책이다. 불의한 부와 부당한 가난에 분노하여 『진보와 빈곤』 집필이라는 지적 여정을 떠났던 헨리 조지는 마침내 토지가치세라는 최종 목적지에 도달했다. 처음 출발할 때는 그 자신도 최종 목적지가 그렇게 찬란하리라 예상하지 못했던 모양이다. "경제법칙과 도덕법칙은 하나"라고 믿었지만, 자신이 제시할 정책 처방이 거기에 꼭 부합하리라 기대하지도 않았다(경제법칙과 도덕법칙이 하나라는 말은 정의, 자유, 평등과 같은 도덕적 가치를 실현할 때 경제적 성과도 높아진다는 의미이다). 그는 자신의 여정을 다음과 같이 묘사했다.

"지금까지 나는 내 자신의 생각에 따라 탐구를 진행해 왔다. 처음 이 작업을 시작했을 때 어떤 특정 이론을 지지하거나 특정 결론을 증명할 생각이 없었다. 단지, 대도시 속의 비참한 생활을 접했을 때 당혹스럽고 괴로웠으며, 그때부터 그 원인이 무엇인지 그리고 그 치유 방안은 무엇인지를 생각하느라고 편안하게 지낼 수 없었을 뿐이다. 그러나 예상하지 못했던 무엇이 탐구를 통해 나에게 나타났고, 죽어 있던 어떤 신념이 솟아났다."(『진보와 빈곤』, 557~558쪽).

헨리 조지는 『진보와 빈곤』 마지막 권(제10권)을 다음의 말로 마친다. 최종 목적지에 도달하면서 그가 얼마나 큰 감격에 휩싸였는지 엿볼 수 있다.

"우리가 정의의 여신에 복종하고 자유를 믿고 따른다면, 현재 사회를 위협하는 위험은 사라지고 사회에 해를 주는 세력은 발전의 주체로 변할 것이다. 오늘날 힘은 낭비되고 있으며, 개척해야 할 지식 분야는 아직 무한하고, 놀라운 발명도 이제 겨우 시작에 불과하다. 빈곤이 타파되면, 탐욕이 고결한 열정으로 변하면, 인간을 반목하게 하는 질투와 두려움 대신에 인류애가 평등으로부터 피어나면, 최하층도 안락과 여가를 누리는 상황이 되어 정신력에 대한 속박이 풀리면, 우리 문명이 얼마나 높이 날아오를지 누가 측정할 수 있겠는가? 언어는 생각을 다 표현하지 못한다. 이는 시인이 노래하고 예언자가 은유로 표현했던 황금시대다! 이는 언제나 현란한 광선과 함께 다가왔던 그 영광의 비전이다. 이는 요한이 파트모스(Patmos)섬에서 황홀경에 빠져 감은 눈으로 보았던 바로 그것이다. 이는 기독교 정신의 극치이며 지상에 실현되는 하느님의 나라로서, 벽옥 담장과 진주 대문을 가진 곳이다! 이는 평화의 왕(Prince of Peace)이 다스리는 나라다!"(『진보와 빈곤』, 552쪽)

헨리 조지의 영향

헨리 조지의 경제사상은 영국의 극작가로 나중에 노벨 문학상을 받은 버나드 쇼(George Bernard Shaw, 1856~1950), 영국 페이비언 협회(Fabian Society)를 창설하고 런던정경대학(LSE)을 설립한 시드니 웹(Sidney Webb, 1859~1947), 러시아의 대문호 톨스토이, 중국의 국부 쑨원 등 전 세계의 위대한 사상가들에게 지대한 영향을 끼쳤다. 헨리 조지는 사회운동에도 큰 영향을 미쳐서 19세기 말~20세기 초에는 전 세계적으로 조지스트의 세력이 마르크스주의자들의 세력보다 컸다고 한다. 미국에서는 1890~1917년을 진보 시대(Progressive Period)라고 명명하는데, 민주주의를 증진하고 독점을 규제하는 등 개혁 조치들이 대대적으로 단행됐기 때문이다. 헨리 조지는 이 시대를 연 선구자 중 대표적인 인물이었다.

　영국 수상을 지낸 로이드 조지(Lloyd George, 1863~1945)
와 윈스턴 처칠(Winston Churchill, 1874~1965), 미국 대
통령을 지낸 우드로 윌슨(Woodrow Wilson, 1856~1924),
오스트레일리아 수상을 지낸 빌리 휴즈(Billy Hughes,
1862~1952), 러시아 수상을 지낸 케렌스키(Aleksandr F.
Kerenskii, 1881~1970) 등 20세기 전반의 유력 정치인들
도 헨리 조지의 영향을 받았다. 영국 재무장관 시절 로이

로이드 조지와 윈스턴 처칠

드 조지는 토지 불로소득에 중과세하는 인민예산 (People's Budget)을 제안했는데, 이는 헨리 조지의 처방을 현실에 적용하려는 노력의 일환이었다. 미국에서 우드로 윌슨이 대통령으로 재직하던 시절에는 장관 4명이 조지스트였다.

헨리 조지의 정책 내안도 전 세계에서 다양한 형태로 실행에 옮겨져 놀라운 성과를 거두었다. 쑨원의 민생주의 위에 세워진 대만, 1950년대 말의 덴마크, 미국의 펜실베이니아주 도시들과 토지 단일세 마을들, 19세기 말~20세기 초의 오스트레일리아와 뉴질랜드 등이 대표적인 사례다. 대만은 헌법에 평균지권과 토지가치세를 명기했고, 미국 펜실베이니아주 도시들은 복수세율 재산세제를 도입해 헨리 조지의 이상을 실현하고자 했다. 복수세율 재산세제란 건물에 대한 세율은 낮추고 토지에 대한 세율은 높이는 방향으로 재산세를 개편하는 과정에서 붙여진 이름이다. 헨리 조지의 경제사상은 한국에도 영향을 끼쳤다. 참여정부(2003년 2월~2008년 2월) 당시 종합부동산세 도입의 이론적 근거로 활용되었고 최근에는 기본소득 연계형 국토보유세 정책으로 구체화하여 많은 관심을 끌고 있다. 헨리 조지는 한국에서 토지공개념의 원조로 평가받는다.

중학교도 제대로 못 나온 한 청년에게 섬광처럼 다가온 소명이 세상을 뒤흔드는 기폭제가 되었다. 그의 손끝에서 경제학 최고의 명저가 탄생했고, 그 책에 담긴 경제사상은 전 세계 여러 곳에서 수많은 사람을 변화시키고 제도 개혁을 이끌었다. 불로소득과 불평등 그리고 주기적 불황을 불가피한 것으로 여기던 세상은 화들짝 놀라 문제 해결에 나섰다. 헨리 조지가 일으킨 거대한 불길은 시간이 지나면서 잦아들었지만, 그 화력은 언제든 되살아날 수 있다. 헨리 조지를 일깨웠던 '정의의 신'이 살아 있다면 말이다.

헨리 조지, 좌파일까 우파일까?

헨리 조지는 우리나라에서 토지공개념의 원조로 알려져 있다. 그 걸 핑계로 조지가 사유재산제도를 부정했다느니, 반시장적인 정책을 주장했다느니 비난하는 사람들이 있다. 하지만 그들의 주장은 전혀 사실이 아니다. 개인이 만드는 가치는 만든 개인에게, 사회가 창출하는 가치는 사회에 돌리는 것이 진정한 사유재산제도라고 할진대, 토지 불로소득을 공적으로 환수하는 헨리 조지식 토지공개념은 현행 제도보다 오히려 더 그 원칙에 부합한다. 지대나 지가 차액은 모두 정부의 투자와 사회의 발전 때문에 생기기 때문이다. 조지가 토지가치세를 주창한 목적은 토지를 국가가 몽땅 차지해서 계획적으로 관리하도록 하려는 것이 아니었다. 토지 투기를 막고 토지의 비효율적 이용을 막아서 토지시장을 더욱 시장답게 만들자는 것이 그의 의도였다.

크게 보아 헨리 조지의 경제사상은 정부의 역할을 강조하고 시장의 결함을 크게 보는 좌파 계열이 아니라, 작은 정부를 지향하고 시장의 역할을 중시하는 우파 계열에 속한다. 이는 그가 노동조합을 바라본 시각에서도 분명히 드러난다. 조지는 한때 노동조합에 가입하기도 했고, 또 노동조합과 협력하기도 했지만, 『진보와 빈곤』에서는 노동조합에 대해 매우 부정적인 태도를 보였다. 노동조합의 조직이 전제적으로 운영될 수밖에 없고, 노동조합의 행동방법이 파괴적이라는 이유에서다. 그는 노동조합의 파업을 파괴적인 겨루기로 보았다.

> "파업에 의한 버티기 투쟁은 흔히 전쟁에 비유된다. 모든 전쟁과 마찬가지로 파업도 사회의 부를 줄인다. 또 전쟁을 위한 조직 즉 군대와 마찬가지로 파업조직도 전제적이다. 자유를 위해 전쟁에 참여하는 사람도 일단 군대에 입대하고 나면 개인적 자유를 포기하고 거대한 기구의 일부가 되는 것처럼 파업을 위한 조직에 참여하는 노동자도 개인적 자유를 포기해야 한다. 따라서 노동자의 이러한 단결은 그들이 투쟁을 통해 얻으려고 하는 것, 즉 부와 자유를 반드시 희생시키고 만다."(『진보와 빈곤』, 301쪽)

사회계급을 다룰 때 좌파는 노동자와 자본가의 대립을 중시한다. 지주는 자본가에 포함시킨다. 하지만 조지는 노동자와 자본가를 같은 편으로 간주하고 그 둘과 지주의 대립을 문제의 근본 원인으로 취급한다. 세상 어디에도 노동자와 자본가를 같은 편으로 보는 좌파는 없다. 그렇다면 헨리 조지는 좌파일까, 우파일까? 답은 우파다. 단, 특권과 불로소득을 싫어하고 불평등과 빈곤에 마음 아파하는 우파, 즉 진정한 우파다.

"03"

대공황을 해결한 괴물 경제학자, 존 메이너드 케인스

당장 사람들을 살려야지, 장기적으로는 우리 모두 죽어!

비상시국은 일시적이기 때문에 잠깐만 참고 기다리면 곧 끝나는데, 경제학이라는 학문이 그런 일시적 현상에 목을 걸 필요는 없다고 주류 경제학자들은 생각한다. 1930년대 대공황은 10년 이상 계속되지 않았느냐고 이들에게 물으면, 그것은 수십 년에 한두 번 나타날까 말까 한 희귀 현상에 불과하다고 대꾸할 것이다. 그러나 역사적으로 보면 2, 3년 혹은 그 이상 계속되는 불황이 즐비했다. 1년도 참기 어려운 실업자에게 2, 3년이 잠깐이라고 말할 수 있을 것인가.

일상 생활인에게는 평온할 때를 설명해 주는 이론은 시시하다. 사실, 일상 생활인들은 경제가 왜 평온한지를 굳이 알 필요가 없다. 그냥 평상시대로 그럭저럭 살아가기만 하면 된다. 하지만 비상시국에는 바짝 긴장해야 한다. 까딱하다가는 직장을 잃고 온 가족이 길바닥으로 내몰릴 수도 있기 때문이다. 비상시국에 사람들이 위기의식을 느끼지만, 그렇다고 개인이 어찌하지 못하는 일이다. 어느 날 날벼락처럼 떨어지는 불황을 개인의 힘으로 어떻게 막을 것이며, 주가 폭락이나 부동산 가격 폭락을 개인의 힘으로 어떻게 방지할 것인가. 결국 국가가 적극 나서서 비상시국에 잘 대처해 주기를 기대할 수밖에 없다. 그럼에도 불구하고 경제학자들은 가만히 앉아서 잠깐만 참고 기다리면 된다며 마치 강 건너 불구경하듯 뒷짐만 지고 있으니 답답한 노릇이다.

그런 답답함을 시원하게 풀어주는 괴물 경제학자가 세계 대공황 직후 혜성과 같이 나타났다.(이정전, 『경제학을 리콜하라』, 321쪽)

심각한 문제가 벌어지고 있는데, 가만히 있으라고 충고하는 전문가들이 있다. 세월호 참사 당시에 가만히 있으라고 방송한 선장이 그랬고, 대공황이 발생해서 수많은 실업자가 길거리로 내몰리는데도 가만히 있으면 회복될 거라고 주장한 1930년대 경제학자들이 그랬다. 그 경제학자들의 주장은 배가 이미 기울어서 곧 뒤집히는 상황인데도 '아니야! 배는 복원력을 갖고 있어서 곧 제자리로 돌아올 거야'라고 하는 것과 같은 말이었다.

도대체 우리는 시장경제의 자기 조절 기능을 어디까지 믿어야 하는 걸까? 어떤 상황에서 가만히 기다려야 하고,

어떤 상황에서 국가가 개입해서 대처해야 하는 걸까? 이 어려운 문제를 명쾌하게 판단하고 해법을 제시한 천재 경제학자가 있었다. 바로 존 메이너드 케인스(John Maynard Keynes, 1883~1946)다. 그는 제1차 세계대전, 세계 대공황, 제2차 세계대전을 모두 겪은 사람이다. 엄청난 세계적 위기의 상황에서 그는 경제학자로서 발휘할 수 있는 최고의 역량을 발휘하여 위기 극복을 도왔다. 그가 없었다면 세계 경제는 불황의 터널 속에 더 오래 머물렀을지도 모른다. 그러는 사이에 더 많은 사람이 실업자가 되어 더 심한 경제적 고통 속에 신음했을 수도 있다.

대공황, 경제학의 무능함을 폭로하다

우리는 자본주의 시장경제 체제에서 살고 있다. 이 경제체제는 경제 성장과 효율성의 면에서 상당히 우월한 제도임이 입증되었다. 20세기 사회주의 경제와의 경쟁에서 승리한 것도 자본주의 경제체제가 갖는 이 장점 때문이었다. 하지만 자본주의 시장경제 체제는 소득 불평등과 주기적인 경기변동이라는 결함도 드러냈다.

자본주의 시장경제는 항상 같은 상태로 움직이지 않는

다. 물건이 잘 팔리고 취업이 잘 되며 국민소득이 빠른 속도로 증가하는 시기인 호황이 있는가 하면, 기업의 생산물이 창고에 쌓이고 실업자가 속출하며 국민소득의 증가 속도가 현저히 떨어지는 시기인 불황이 있다. 호황에서 불황으로 넘어가는 국면을 경기후퇴 또는 경기침체라고 하며, 불황에서 다시 호황으로 전환되는 국면을 경기회복이라고 한다. 자본주의 시장경제에서는 '호황 → 경기침체 → 불황 → 회복'이라는 순환적 변동이 주기적으로 반복된다는 사실이 확인되었는데, 경제학자들은 이를 경기변동 혹은 경기순환이라 부른다.

애덤 스미스의 뒤를 이어 자유방임주의에 기초한 경제 이론을 발전시킨 경제학자 그룹을 고전학파로 분류한다. 데이비드 리카도, 토머스 맬서스, 존 스튜어트 밀 등 기라성같은 경제학자들이 거기에 속한다. 하지만 고전학파 경제학은 1870년대에 인간의 주관적 만족도를 중요한 변수로 취급하는 한계효용학파가 등장하면서 일단 막을 내린다. 한계효용학파는 상품의 마지막 단위에서 얻는 주관적인 만족도가 상품의 가치를 결정한다고 주장함으로써 고전학파의 생산비 가치설에 결정적인 타격을 가했다. 생산비 가치설이란 상품 생산에 투입되는 노동의 양 또는

알프레드 마샬

생산비가 상품의 가치를 결정한다고 보는 학설이다. 전자를 주관적 가치설, 후자를 객관적 가치설이라 부르기도 한다.

영국 케임브리지대학의 알프레드 마샬(Alfred Marshall, 1842~1924)은 고전학파의 자유방임주의와 시장주의(시장의 자기 조절 기능을 신뢰하는 이론적 입장을 가리킨다)를 그대로 계승하면서도, 고전학파의 생산비 가치설과 한계효용학파의 한계효용이론을 결합했다. 이때부터 마샬의 경제사상을 따르는 경제학자들이 속속 출현했는데 이들을 묶어서 신고전학파라 부른다. 고전학파의 철학을 계승하면서도 새로운 이론을 전개했다는 의미에서 붙여진 이름이다. 영국에서는 알프레드 마샬, 아서 피구(Arthur C. Pigou, 1877~1959), 미국에서는 존 클라크(John B. Clark, 1847~1938), 에드윈 셀리그먼(Edwin Robert Seligman, 1861~1939) 등이 신고전학파를 대표하는 사람들이다.

1929년 10월 24일 뉴욕 월스트리트 증권거래소 주가 폭락에서 시작된 세계 대공황은 1933년까지 맹위를 떨쳤고 그 여파는 1939년까지 미쳤다. 1932년 7월까지 미국의 주가 총액은 최고치에 비해 약 90% 감소했다. 1920년대 주식 시장 과열에 편승해서 투자에 나섰던 많은 사람이 스스로 목숨을 끊었다. 월스트리트의 주가 폭락은 은행의 줄도산과 해외 주요 국가의 증시 붕괴로 이어졌고, 역사상 유례없는 세계적 불황을 야기했다. 1933년 미국의 실질 국민소득은 1929년에 비해 30% 감소했고 실업률은 3%에서 27%로 급상승했다. 수많은 공장이 도산했으며 농업도 직격탄을 맞았다. 유럽 국가들도 상황은 비슷했다. 전 세계적으로 시장경제가 마비 상태에 빠진 것이다. 그것도 장기간에 걸쳐서 말이다.

대공황 당시 무료급식소 앞의 실업자들

　당시 신고전학파 경제학자들은 이런 파괴적인 경기침체가 전 세계적으로, 또 장기간에 걸쳐서 일어나리라고는 상상도 못 했다. 그들은 시장경제에서 불균형이나 불황이 발생하더라도 그것은 금방 해소된다고 믿고 있었다. 그들이 이런 믿음을 갖는 데 결정적인 영향을 미친 것은 '세이의 법칙'이다.

'세이의 법칙'은 엉터리!

세이(Jean-Baptiste Say, 1767~1832)는 프랑스 경제학자로 '공급은 스스로 수요를 창출한다'라는 법칙을 주장한 것으로 유명하다. '세이의 법칙'은 고전학파와 신고전학파가 맹신하다시피 했던 명제인데, 그 내용은 다음과 같다.

모든 공급자는 동시에 수요자이다. 공급자들은 생산으로 번 돈을 다른 상품을 사는 데 지출하므로 경제 전체의 공급과 수요는 일치할 수밖에 없고, 전반적인 공급 과잉은 발생하지 않는다. 그런데 만일 수요자들이 생산으로 벌어들인 돈을 다 쓰지 않는다면 어떻게 될까? 그럴 경우 생산물이 다 팔리지 않아 결국 경기침체가 발생하지 않을까? 고전학파에 따르면, 걱정할 필요가 없다. 벌어들인 돈을 다 쓰지 않는다는 것은 일부를 저축한다는 말인데, 그렇게 저축이 늘어나면 자금시장에서 공급이 늘어서 이자가 하락한다. 이자가 하락하면 그때부터 기업이 나선다. 이전보다 싼 이자로 자금을 이용할 수 있으므로 기업은 자금을 더 빌려서 투자를 시도한다. 투자란 기업이 생산을 효과적으로 하기 위해 기계, 원료, 설비 등을 구입하는 행위를 가리킨다. 기계, 원료, 설비 등도 기업이 만드는 것이므로 투자가 증가한다는 것은 생산물에 대한 새로운 수요가 생긴다는 것을 의미한다. 결국 경제 전체의 공급과 수요는 일치하게 된다. 싼 이자로도 기업들이 자금을 빌리지 않는 일이 있을 수 있지만, 그래도 별문제가 없다. 소비가 부족해서 상품이 남아돌면 물가가 떨어지고 이어서 임금도 떨어진다. 그러면 다시 상품 수요가 늘고 기업의 고용도 증가하여 경제는 금방 회복된다. '세이의 법칙'은, 가격의 변동이 시장에서 수요와 공급의 불일치를 해소하고 균형을 성립시킨다는 원리가 경제 전체, 즉 거시경제에도 타당함을 보여주는 중요한 명제였다. 일시적으로 불균형이 생기더라도 금리, 물가, 임금 등의 가격이 금방 변해서 불균형을 해소하기 때문에 심각한 불황이 장기적으로 진행되는 일은 있을 수 없다.

하지만 1929년에 시작된 세계 대공황은 '세이의 법칙'이 엉터리라는 사실을 유감없이 증명했다. 조금 더 기다려보라는 말은 한두 달 사이에나 할 수 있는 말이다. 짧게는 4년, 길게는 10년 동안 지속된 심각한 경기침체를 목격하고도 '세이의 법칙'이 타당하다고 주장하는 사람이 있다면 그 사람은 정신병자 취급을 받을 수밖에 없다. 세

계 대공황이라는 엄청난 사건 앞에서 신고전학파 경제학
은 설 자리를 잃고 말았다.

『평화의 경제적 귀결』로 유명해진 케인스

  기존의 주류 경제학이 엄청난 경제적 재앙 앞에 무력함
을 드러내고 있을 때, 새로운 철학과 정책 처방을 갖춘
'이단적' 경제이론으로 자본주의 경제를 위기에서 구출한
경제학자가 등장했다. 바로 케인스이다. 부모 모두 케임
브리지대학을 졸업한 엘리트 집안에서 태어난 케인스는
영국 최고 명문 고등학교인 이튼스쿨을 거쳐서 케임브리
지대학 킹스칼리지를 졸업했다. 대학에서는 경제학이 아
닌 수학을 전공했다. 그는 졸업 후 케임브리지대학에서 1
년을 더 보내며 당대 최고의 경제학자였던 알프레드 마샬
과 아서 피구에게서 경제학을 배웠다. 마샬이 케인스의
아버지에게 편지를 보내, 경제학에 탁월한 재능을 보이고
있으니 경제학자가 되면 정말 기쁘겠다고 말할 정도로 케
인스는 뛰어난 경제학도였다.

  케인스는 대학을 졸업한 후, 인도성 공무원, 케임브리
지대학 경제학 강사, 재무성 공무원, 문화 사업가, 보험회

사 경영자 등 다채로운 직업을 전전했다. 그러고도 20세기 최고의 경제이론을 세상에 내놓았으니 천재라는 말 외에 달리 붙일 수식어가 없다.

케인스는 제1차 세계대전이 발발하자 영국 재무성에 들어가 전쟁 비용 조달 업무를 맡아 일했다. 전쟁 중에 재무성에서 맹활약을 펼쳐 중요한 인물로 부상한 케인스는 종전과 함께 열린 파리평화회의에 영국 대표단의 일원으로 참가했다. 1919년 1월의 일이었다. 케인스는 그 회의에서 영국, 프랑스, 미국 등 연합국의 지도자들이 패전국 독일에 보복적인 배상금을 요구하는 것을 보고 깊은 우려

케임브리지대학 킹스칼리지

를 표명했다. 연합국의 요구대로 되면 독일은 파멸적 상황에 처할 수밖에 없고 그러면 장차 어떤 행동을 할지 모른다는 것이 그의 생각이었다.

회의가 자신의 생각대로 진행되지 않는 것을 본 케인스는 회의 도중에 재무성 공무원직을 사임하고, 친구가 제공한 농가에 틀어박혀 연합국의 요구가 얼마나 위험한 것인지 폭로하는 책을 집필하기 시작했다. 일사천리로 써 내려가 보름 만에 완성한 책이 『평화의 경제적 귀결(The Economic Consequences of the Peace)』이다. 1919년 12월에 출간된 이 책에서 케인스는 연합국이 원하는 보복이 얼마나 무리한 것인지 밝히고, 독일은 이미 그 요구를 들어줄 수 있는 상황이 아니라는 것을 알리고자 노력했다. 연합국이 독일의 기를 영원히 꺾어 놓으려는 목적에서 그리 하지만 그것은 독일을 빈곤과 혼란의 나락으로 떨어뜨려 장차 더 큰 세계적 갈등의 씨앗이 될 것이라 예언했다(1939년 독일은 다시 전쟁을 일으켰다. 케인스의 예언은 적중했다). 『평화의 경제적 귀결』은 영국은 물론이고 유럽과 미국에서 엄청난 반응을 불러일으켜, 발간 이듬해인 1920년 6월까지 10만 부 이상 팔렸다. 이 책으로 케인스는 세계 각지의 언론들이 베르사유 조약(파리평화회의 결

존 메이너드 케인스

과 체결된 조약)이나 세계 경제 문제에 관해 논평을 부탁
하는 유명한 경제학자로 부상했다.

1920년대에 케인스는 화폐제도와 통화정책, 금리와 물
가 등의 문제를 집중적으로 연구했다. 그 결과 1923년에
는 『화폐개혁론(Tract on Monetary Reform)』을, 그리고
1930년에는 『화폐론(Treatise on Money)』을 출간했다.
이 시기 케인스는 화폐를 통해 경제를 보는 방식을 취했
지만, 시장의 자기 조절 기능을 불신하고 정부의 적극적
인 개입을 중시하는 경제사상은 이때 이미 그의 머릿속에

자리 잡았다. 케인스는 언론 기고와 강연을 통해 고전학파의 자유방임주의를 정면 비판했으며, 정부가 경제를 관리해야 한다고 주장하기 시작했다. 실업을 해결할 궁극적인 대책으로 공공주택 건설, 도로 개선, 전력망 확충 등 정부 지출 확대 정책을 제안하기도 했다. 시장이 균형을 회복하기만을 기다리는 고전학파와 신고전학파를 비꼬면서 "장기적으로는 우리 모두 죽는다(In the long run, we are all dead)"라는 명언을 남긴 것도 『화폐개혁론』에서였다. 신고전학파와 케인스의 일대 격돌이 시작된 것이다. 이때 신고전학파의 대표 주자로 나선 것은 하이에크였다. 하이에크와 케인스의 논쟁에 대해서는 다음 장에서 살펴보기로 하자.

『일반이론』의 눈부신 성공

케인스는 여러 권의 책을 썼지만, 대표작은 역시 1936년에 출간된 『고용, 이자, 화폐에 관한 일반이론(The General Theory of Employment, Interest and Money)』(『일반이론』으로 줄여 쓴다)이다. 이 책의 내용은 케인스의 참신한 생각을 처음 내놓은 것이라기보다 이미 정책으로 제안되고 시행되고 있던 것을 옹호하는 것이었다. 1920년대 중반 이후 케인스는 정책 방면에서 영국과 미국에 상당한 영향력을 발휘하고 있었다. 루스벨트 미국 대통령의 뉴딜 정책은 미흡하기는 했지만, 기본 방향은 케인스의 주장을 따른 것이었다.

『일반이론』에서 케인스는 오랫동안 품어 왔던 생각들을 유감없이 풀어놓았다. 그것은 기존의 주류 경제학을 뒤집어엎는 내용이었다. 그렇다고 해서 당시 반대자들이 비난했듯이 케인스가 사회주의를 지향한 것은 아니었다. 케인스는 어떤 부류의 사회주의에도 가담하지 않았다. 흥미 삼아 사회주의를 고려한 적도 없었고, 합법적이고 현실적인 방법으로 사회주의의 이상을 추구했던 영국의 페이비안주의(Fabianism)에도 아무 관심을 기울이지 않았다. 그는 사람들이 오해할까 봐 보호무역주의와 소련식 사회주의를 비판하는 데 시간을 할애하기도 했다.

『일반이론』에는 자본주의의 틀 안에서 신고전학파의 경제이론을 폐기하려 했던 한 천재 경제학자의 노력이 오롯이 담겨 있다. 이 책으로 케인스는 기성 경제학계를 뒤흔들어 놓았고 마침내 엄청난 성공을 거두었다. 시장은 항상 자기 조절 기능을 발휘하므로 불황이 닥쳐와도 정부가 개입해서는 안 된다고 생각하는 사고방식은 서서히 힘을 잃었다. 악으로만 여겨졌던 정부의 경제개입에 대한 생각도 점차 바뀌었다. 국민소득, 물가, 통화량 등을 분석하는 새로운 분야가 거시경제학이라는 이름으로 경제학 체계 안에 자리를 잡았다. 후일 경제학자들은 케인스의 도전과 성공을 '케인스 혁명'이라고 불렀다.

『일반이론』에서 케인스는 '세이의 법칙'을 부정함으로써 신고전학파의 자유방임주의를 정면 비판했다. 신고전학파는 공급이 스스로 수요를 창출한다고 믿었지만, 케인

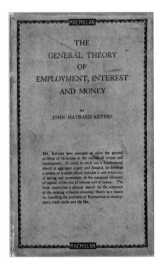

『일반이론』

스는 그런 일은 일어나지 않는다고 보았다. 이유는 다음과 같다. 앞에서 신고전학파는, 사람들이 벌어들이는 소득을 전부 소비에 지출하지 않고 저축을 하기 때문에 일시적으로 상품의 공급 과잉이 발생할 수 있지만, 그것은 이자의 하락과 그 뒤를 잇는 투자의 증가로 금방 해소된다고 생각했다. 설사 투자가 증가하지 않는 경우라도 물가와 임금의 하락으로 상품 수요와 고용이 늘어서 공급 과잉과 경기침체를 순식간에 해결한다.

하지만 케인스는 저축과 투자는 의사결정의 주체가 다르기 때문에 이자율 하나만으로 튼튼하게 연결될 수 없다고 주장했다. 따라서 이자가 하락하더라도 기업이 투자를 늘려 다른 기업이 생산한 기계나 원료 등을 더 구입한다는 보장은 없다. 이자율보다는 미래 경기에 대한 전망이 기업의 투자 계획에 훨씬 큰 영향을 미친다는 것이 케인스의 생각이었다. 불황기에는 신고전학파의 생각처럼 기업의 투자가 늘어서 저축으로 감소한 상품 수요를 보충하는 것이 아니라, 가계의 소비도 줄고, 기업의 투자도 줄고, 소득도 줄고, 마침내 저축도 준다. 저축과 투자가 같아지기는 하지만 신고전학파가 생각했던 이유는 아니며, 둘이 같아지더라도 불황은 해소되지 않는다.

신고전학파는 이자 외에 다른 두 가격, 즉 임금과 물가가 있지 않으냐고 반문할 것이다. 케인스는 그 생각도 말이 안 된다고 비판했다. 임금과 물가는 올라가기는 쉬워도 내려가기는 무척 어렵다. 노동조합과 대기업이 버티고 있는데 그런 일이 금방 쉽게 일어난다고 믿는 것은 지나치게 순진한 생각이다. 그러니 불황기에 투자가 늘지 않는다고 하더라도 임금과 물가가 하락해서 고용과 상품 수요를 늘릴 것이라는 신고전학파의 믿음처럼 허황된 것은 없다. 물론 시간이 많이 가면 그런 결과가 나타나겠지만, 그사이에 많은 사람은 파산이나 실업과 같은 경제적 고통을 겪어야만 한다.

'세이의 법칙'과 함께 신고전학파는 파탄을 맞았다. 1930년대의 세계 대공황은 케인스가 옳다는 것을 증명했다. 시대의 주류에 도전하는 것도 어려운 일이지만, 도전해서 이긴다는 것은 불가능에 가까운 일이다. 아무리 이튼스쿨과 케임브리지대학을 졸업한 수재였다고 하더라도 경제학 교육을 1년도 받지 않고 학위도 없었던 일개인이 이 엄청난 일을 해냈으니, 그를 20세기 최고의 경제학자라 부르지 않을 수가 없다.

유효수요 이론, 자본주의를 구원하다

케인스의 정책 처방은 『일반이론』 출간 전부터 제 모습을 갖추고 있었다. 그는 1920년대 중반경부터 활발한 언론 기고와 강연 그리고 정부 위원회 참여 등의 방식으로 나중에 『일반이론』에 담길 정책 처방을 영국 정부에 제안하기 시작했다. 1931년 맥도널드 총리와 보수당 연립정부가 총선에서 압승하면서 영국 정부에 대한 케인스의 영향력은 현저하게 줄었지만, 그는 낙심하지 않고 자신의 정책 처방을 전파하는 데 힘을 쏟았다. 1933년에는 〈타임스(Times)〉에 기고한 글을 묶어서 『번영으로 가는 길(The Means to Prosperity)』이라는 제목의 소책자를 출간했다. 이 책자에는 나중에 『일반이론』에서 상세하게 쓸 정책 처방의 기본 내용이 오롯이 담겼다.

케인스는 『번영으로 가는 길』 한 권을 미국 대통령 루스벨트(Franklin D. Roosevelt, 1882 ~1945)에게 보냈다. 1933년 12월에는 〈뉴욕타임스(New York Times)〉에 공개서한을 기고하여 자신의 정책 처방을 루스벨트 대통령에게 알렸다. 이듬해 5월에는 미국을 방문하여 루스벨트 대통령을 만났고, 그 자리에서 케인스는 공공투자의 중요성을 역설했다.

이제 『일반이론』을 중심으로 케인스가 어떤 정책 처방을 주창했는지 살펴보기로 하자. 그는 신고전학파의 생각과는 달리, 민간 부문에 맡겨둬서는 불황을 극복할 수 있는 상품 수요가 나오기 어렵다고 보았다. 케인스는 수요가 인간의 욕구를 충족시킬 수 있으려면 구매력이 뒷받침되어야 한다고 보고 이를 유효수요(effective demand)라고 불렀다. 불황기에 유효수요를 창출할 수 있는 것은 가계도, 기업도 아닌 정부라는 것이 케인스의 생각이었다. 정부가 스스로 지출을 늘리거나 세금 감면을 통해 가계와 기업이 지출을 늘리도록 유도함으로써 남아도는 상품을 구매할 유효수요를 창출할 수 있다는 것이다.

일단 유효수요가 발생하면 상품의 과잉 공급은 줄고, 생산과 고용이 증가한다. 그게 끝이 아니다. 경제 전체의 생산이 증가하면 국민들이 버는 소득도 증가하기 때문에 2차 효과가 발생한다. 즉 가계의 소비가 증가하는 것이다. 새로운 유효수요가 생겼으므로 다시 생산과 고용이 증가하고, 소득이 증가해서 또 소비가 증가하는 3차 효과가 발생한다. 이 과정은 무한히 반복된다. 물론 추가로 발생하는 유효수요의 크기가 갈수록 감소하기 때문에 언젠

가는 끝이 난다. 이는 마치 잔잔한 호수에 돌을 던졌을 때 파도가 확산되는 모습과도 같다. 그 결과 처음에 정부가 주도해서 만들어낸 것의 여러 배에 해당하는 유효수요가 생성되고 그만큼 경제 전체의 생산과 소득도 증가한다. 케인스는 이를 승수효과(multiplier effect)라고 불렀다. 승수란 최초 유효수요 창출액이 전체 유효수요를 몇 배나 증가시키는지 보여주는 지표이다.

불황기에는 정부 지출을 증가시켜야 한다고 믿었던 케인스에게 승수효과는 천군만마와도 같았을 것이다. 생산을 10조 원 증가시켜서 경제를 불황에서 탈출시키고 싶을 때 정부 지출을 10조 원이 아니라 예컨대 2조 원, 3조 원만 늘려도 목표를 달성할 수 있다는 것을 입증했으니, 그가 얼마나 신이 났을지 짐작이 간다. 실제로 케인스는 미국 경제의 승수를 2.5로 추산하여 그에 맞는 유효수요 창출 계획을 추진할 것을 루스벨트 미국 대통령에게 권고하기도 했다.

영국과 미국의 경제 관료들은 케인스의 처방을 달가워하지 않았다. 정부 재정이 적자에 빠지는 것을 우려했기 때문이다. 하지만 케인스는 불황기에는 정부가 과감하게 재정 적자를 내서라도 정부 지출을 늘려야 한다고 주장했다. 불황기에 재정 균형에 집착하면 정부 지출을 줄이고 세금을 늘려야 하는데, 그럴 경우 승수효과가 거꾸로 작용해서 경기침체가 가속화될 수밖에 없다. 반면, 불황기에 정부가 빚을 내서 정부 지출을 늘리면 승수효과가 나타나 경제가 금방 회복되고 자동적으로 조세 수입도 늘어나서 재정 적자가 해소된다는 것이 케인스의 생각이었다.

미국 대통령들을 사로잡은 케인스주의

루스벨트 대통령은 케인스의 기대만큼은 아니지만, 뉴딜 정책의 이름 아래 과감한 정부 지출 확대 정책을 폈다. 정부 안에 공공사업청, 민간자원보전단, 토목사업청 등 공공투자 사업 전담 조직을 신설하여 공공투자와 일자리 창출을 주도하게 했다. 그 결과 경기가 조금씩 호전되어 케인스 경제학의 효력을 입증해주었다. 그러자 미국 행정부 요직에서 신고전학파 경제학을 신봉하던 사람들은 점차 물러나고, 그 자리를 젊고 야심 찬 케인스주의자들이 차지했다. 미국 대학 경제학과의 분위기도 빠르게 바뀌었다. 하버드대학은 케인스 경제학이 미국에 상륙하는 거점 역할을 했다. 케인스주의자로 나중에 노벨경제학상을 받

프랭클린 루스벨트

게 되는 제임스 토빈(James Tobin, 1918~2002)은 당시의
분위기를 이렇게 전한다. "경제이론을 단단히 감싸고 있
는 오류에 저항하는 케인스의 봉기는 젊은 층을 감동시키
는 신성한 전쟁과도 같았다. '진리가 우리를 자유롭게 하
리라. 나아가 진리가 완전고용을 이루어 주리라' 그처럼
진한 감동으로 우리에게 다가왔다." 케인스는 단 몇 년 만
에 젊은 미국 경제학자들의 마음을 사로잡은 셈이다.

1937년 6월 경기가 대공황 이전 수준을 회복했다고 판단한 루스벨트는 정부 지출을 줄이고 세율을 높이는 조치를 취했다. 일자리 창출 사업도 연기했다. 그러자 미국 경제는 다시 침체하기 시작했다. 1938년 말까지 지속된 이 경기침체로 생산은 3분의 1이나 감소했고 실업률은 19%로 상승했다. 화들짝 놀란 루스벨트는 다시 경제정책의 방향을 케인스주의 쪽으로 돌렸다. 1939년 제2차 세계대전이 벌어지자 미국의 경제정책에서 케인스주의의 색채는 더욱 짙어졌다. 군비 지출이 급속하게 증가했는데, 이는 다름 아닌 정부 지출의 대대적 확대를 의미했기 때문이다. 영국의 경제정책은 미국의 뒤를 따랐다. 영국 정부의 전시 경제정책은 철저하게 케인스주의적이었다. 정책의 중심 목표는 복지국가와 완전고용이었다.

케인스는 제2차 세계대전이 끝난 이듬해인 1946년에 세상을 떠났다. 하지만 그는 죽은 후에 살아 있을 때보다 더 큰 영향력을 발휘했다. 종전 후 유럽은 케인스주의의 실험장이라 불릴 정도로 케인스의 정책 처방에 의존했으며, 미국에서도 케인스주의의 행진은 계속되었다. 1946년 '고용법'이 통과되어 미국 역사상 처음으로 정부가 경제를 관리할 권한과 책임을 가지게 되었다. 그때부터

1970년대 초반까지 케인스 경제학은 미국 정부의 공식 도구가 되었다.

1953년 1월 미국 34대 대통령으로 취임한 아이젠하워 (Dwight Eisenhower, 1890~1969)는 우물쭈물하기는 했지만, 경기후퇴기에 적자 지출을 과감하게 수용했으며 대대적인 국방비 지출을 단행했다.

아이젠하워의 뒤를 이어 취임한 케네디(John F. Kennedy, 1917~1963) 대통령은 케인스의 정책 처방을 불황기뿐만 아니라 일반적인 상황에서도 활용할 것임을 공언하였다. 나중에 케네디는 미국 최초의 케인스주의자 대통령이라는 평가를 받았다.

케네디가 암살당한 후 대통령직을 계승한 존슨(Lyndon Johnson, 1908~1973)은 케네디의 케인스주의적 정책을 그대로 이어받았다. 케네디와 존슨은 대통령 직속 경제자문위원회를 하버드대학, 예일대학, 미네소타대학의 케인스주의자들로 채웠다. 이 시절은 가히 케인스 경제학의 절정기라 부를 만하다. 정부 지출 확대와 감세를 동시에 추진한 결과, 존슨 대통령 임기 중에 미국 경제는 놀라운 성과를 달성했다. 경제성장률은 상승했고 실업률은 떨어졌으며 실질임금은 급속히 올라갔다. 컬러텔레비전과 승

용차가 일반 가정에 보급되었고, 항공 여행과 여가생활이 보편화되었다. 미국 국민들이 1960년대만큼 부유했던 시대는 없었다. 대통령과 정치인은 물론이고 경제학자나 시민들은 이 모든 것이 케인스 덕분이라고 믿었다. 1965년 12월 〈타임(Time)〉은 '올해의 인물'로 죽은 케인스를 선정하며 이렇게 말했다. "케인스가 세상을 떠난 지 약 20년이 지난 오늘날, 그의 이론은 세계의 자유 경제학에 중요한 영향을 미치고 있다. 워싱턴에서 미국의 경제정책을 수립하는 사람들은 케인스의 원리를 활용함으로써 전쟁 이전 시기의 격렬한 경기변동을 피할 수 있었을 뿐만 아니라 혁혁한 경제 성장과 놀라운 물가 안정을 달성했다."

마침내 한 천재 경제학자의 머릿속에 들어 있던 사상이 미국을 비롯한 서구 사회를 정복했다. 케인스는 『일반이론』의 말미에서 다음의 유명한 말을 남겼다.

"경제학자와 정치 철학자들의 사상은 옳을 때나 틀릴 때나 일반적으로 생각되는 것보다 더 강력하다. 사실 세계를 지배하는 것은 그 사상들이다. 어떤 지적인 영향으로부터도 완전히 벗어나 있다고 믿는 실무가들도 이미 고인이 된 어떤 경제학자의 노예이기 쉽다. … 나는 기득권의 위력은 사상의 점진적 침투에 비한다면 매우 과장되어 있다고 확신한다. … 선용되건 악용되건 궁극적으로 위험한 것은 사상이지 기득권이 아니다."(『일반이론』, 387~388쪽)

1919년에 이미 제2차 세계대전의 발발을 예견하여 예언가의 자질을 보였던 케인스는 자신의 경제사상이 겪을 운명에 대해서도 정확히 예언한 셈이다. 경제학으로 세상을 정복했을 뿐만 아니라 절체절명의 위기에 빠진 자본주의를 구원했으니, 하늘이 준 천재적 능력을 그만큼 적절하게 활용한 인물을 찾을 수 있을까?

스태그플레이션, 케인스 시대를 마감하다

1969년 존슨의 뒤를 이어 미국 대통령에 취임한 닉슨(Richard Nixon, 1913~1994)은 1971년 1월 "이제 나는 경제학에서 케인스주의자다"라고 선언했다. 마침내 케인스가 미국을 공식적으로 '점령'한 것이다. 그러나 아이러니하게도 그 무렵부터 케인스주의는 쇠락의 길을 걷는다. 결정적인 계기는 석유 위기였다. 1973년 10월 벌어진 제

4차 중동전쟁 때 미국이 이스라엘을 지원한 데 대한 보복으로 아랍 국가들로 구성된 석유수출국기구(OPEC)가 원유 가격을 네 배로 올려버렸다. 그러자 물가가 상승하는 동시에 경기는 침체하는 소위 스태그플레이션(stagflation)이 발발했다. 스태그플레이션은 전문 경제학자들도 처음 보는 새로운 경제 현상이었다. 그때까지 경기변동은 '경제 성장이 둔화될 때 물가도 떨어지는 현상'과 '경제성장률이 올라갈 때 물가도 상승하는 현상'을 주기적으로 반복해 왔다. 그런데 1970년대 전반에 나쁜 요소 둘(경기침체와 물가 상승)이 결합된 희한한 양상이 전개됐으니 경제학자들은 당황할 수밖에 없었다.

불황기에는 정부 지출을 늘리고 세금은 감면하는 정책으로, 경기가 과열될 때는 정부 지출을 줄이고 세금은 늘리는 정책으로 대응하면 정부가 경기변동을 마음대로 조절할 수 있다고 믿었던 케인스주의자들은 특히 더 당황했다. 그 정책이 먹히지 않는 상황이 나타났기 때문이다. 스태그플레이션 상황에서 경기침체를 막기 위해서는 정부 지출을 늘리고 세금을 감면해야 하는데, 그러면 물가가 더 빨리 상승하게 된다. 또 반대로 물가 상승을 막기 위해서는 정부 지출을 줄이고 세금을 늘려야 하는데, 그러면 경기침체가 가속화된다. 케인스주의자들은 진퇴양난에 빠져버렸다.

　1977년 1월 케인스주의 공약으로 대통령 선거에서 승리한 지미 카터(Jimmy Carter, 1924~)가 미국 39대 대통령으로 취임했다. 하지만 그는 스태그플레이션을 다스리지는 못했다. 설상가상으로 1979년에는 1973년에 버금가는 석유 위기가 발발했다. 1980년 대통령 선거에서 카터는 로널드 레이건(Ronald Wilson Reagan, 1911~2004)에게 패하고 말았다. 카터의 패배와 레이건의 당선은 케인스주의의 종말을 의미했다. 케인스가 루스벨트 대통령에게 『번영으로 가는 길』 한 권을 보낸 지 47년, 『일반이론』이 나온 지 44년 만의 일이었다.

저축은 악덕일까, 미덕일까?

케인스 이전에는 당연히 저축은 미덕으로 간주되었다. 오늘날 모든 가정에서는 부모들이 자녀들에게 저축을 장려하고 어릴 때부터 저축 습관을 길러주기 위해 노력한다. 보통 사람들에게는 잠시 생각할 필요도 없이 저축은 미덕이다. 그런데 케인스는 저축은 악덕이고 소비는 미덕이라는 파격적인 주장을 펼쳐서 사람들을 놀라게 했다. 사람들이 저축을 많이 하면 일단 소비가 줄고, 저축이 투자로 이어지지 않을 경우 총수요가 줄어들어서 불황과 실업이 발생한다는 것이 그 주장의 근거였다. 이럴 때는 저축은 미덕이 아니라 악덕이라는 것이다. 그래서 케인스는 이렇게 외쳤다.

> "애국심 강한 주부들이여, 내일 아침에는 씩씩하게 거리로 나가서 곳곳에서 벌어지는 세일에 동참하도록 하라. 그리고 당신 스스로 고용을 증대시키고 있다는 기쁨을 누리도록 하라. 당연히 당신은 국부도 증대시키고 있다."(케인스, 『설득의 경제학』, 121쪽)

이런 생각에서 케인스는 '절약의 역설'을 이야기했다. 한 사람이 저축을 늘리면 그 개인의 저축액은 늘어난다. 하지만 모든 사람이 저축을 늘리면 총수요가 줄어들고 소득이 감소하여, 결국 모든 사람의 저축액이 오히려 감소한다.

저축이 악덕이라는 케인스의 주장은 맞는 말일까? 결론부터 말하면, 항상 맞는 말은 아니다. 단기적으로 총수요가 부족해서 경제가 불황에 빠져 있는 경우에만 타당한 말이다. 장기적인 관점에서 보면, 저축이 많아야 신규 공장 건설과 기계 구입에 투입할 자금도 늘어나서 지속적인 경제 성장이 가능해진다. 따라서 장기적인 관점에서는 저축은 미덕이 된다. 또한 투자 기회는 많은데 저축이 부족해서 경제 성장을 못하고 있는 개발도상국에서도 저축은 미덕이다.

"04"

케인스의 라이벌이자 신자유주의 경제학의 선구자, 프리드리히 하이에크

우리는 모두 불완전해. 누가 경제를 계획하고 지도하겠어?

『노예의 길』은 1938년과 1939년 두 편의 논문을 쓸 때 탐구했던 생각을 더 개진한 것이다. 그 생각이란, 자유시장을 버리고 계획경제를 주창하는 사람들은 그 의도가 아무리 좋다 한들 결국 폭정을 초래하기 쉬운 길로 들어선다는 것이었다. 그는 "경제를 계획하는 사람이 시장의 자유로운 작동을 어떤 수준 이상으로 가로막기 시작하면, 모든 문제에 간섭할 때까지 그의 통제력이 확장될 수밖에 없다"라고 주장했다.

『노예의 길』의 주된 공격 표적은 그가 두 가지 악으로 생각한 사회주의와 파시즘이었다. 그는 통상적으로 극좌(사회주의: 인용자)와 극우(파시즘: 인용자)를 정반대인 양극단으로 여기는 인식은 잘못이라고 주장했다. 극좌와 극우 모두 시장의 작동을 폐기하고 포괄적인 국가 계획을 동원함으로써 개인의 자유를 공격한다는 이유에서다. 또 경제를 계획하는 사람은 다른 사회 구성원의 의지를 알 도리가 없는 탓에 경제를 계획하려고 들면 어쩔 수 없이 독재자처럼 행동하게 된다는 자신의 신념을 다시금 강조했다.(니컬러스 웝숏, 『케인스 하이에크』, 355쪽)

1920년대부터 케인스가 사망할 때까지, 아니 그 이후까지 케인스에게 도전한 사람이 있었다. '20세기 최고의 경제학 논쟁'이라 부를 만한 일이 그와 케인스 사이에 벌어졌다. 그는 사람의 본성에 대한 이해, 시장경제의 효력에 대한 인식, 정부 경제정책에 대한 판단 등 모든 문제에서 케인스와 견해를 달리했다. 케인스가 워낙 뛰어나고 활달한 사람이어서 그는 케인스와의 논쟁에서 대부분 밀렸다. 그리고 케인스가 사망한 이후 대략 30년 동안 케인스주의의 위세에 눌려 살았다. 하지만 쥐구멍에도 볕들날이 있다고 했던가? 1974년 노벨경제학상을 받은 다음부터는 그의 경제이론이 각광을 받았고 정치인들은 그를 내세워 정책의 전환을 정당화하곤 했다. 1980년대 말에는 베를린 장벽이 무너지고 연이어 소련 사회주의가 붕괴하는 대사건이 일어났다. 한 학자의 주장이 이처럼 현실에서 증명되는 일은 많지 않다. 여기서 그는 바로 신자유

프리드리히 하이에크

주의 경제학의 선구자 프리드리히 하이에크(Friedrich Hayek, 1899~1992)다.

대처와 레이건 그리고 하이에크

그칠 줄 몰랐던 케인스주의의 행진은 스태그플레이션의 발발로 끝이 났다. 물가 상승과 경기침체가 동시에 진행되는 전대미문의 경제 현상을 활용하여 권력을 잡은 정치인들이 있었다. 영국의 마거릿 대처(Margaret Thatcher, 1925~2013) 수상과 미국의 로널드 레이건(Ronald Reagan, 1911~2004) 대통령이 그들이다. 먼저 집권한 사람은 대처였다. 그녀가 영국에서 수상으로 선출된 것은 1979년이었고, 미국에서 레이건이 대통령에 취임한 것은 1981년이었다. 두 사람은 자신들이 집권하기 전 수십 년 동안 영국과 미국을 휩쓸었던 케인스주의와 공식 결별하고, 신자유주의라고 불리는 새로운 경제정책을 펼치기 시작했다. 세금을 줄이고, 정부 규제를 풀고, 복지를 축소하고, 공공 소유 자산과 기업을 민간에 매각하는 것이 핵심 내용이었다. 도대체 이 경제정책은 어디서 온 것일까?

신자유주의 경제정책이 혜성처럼 갑자기 등장했다고 생각한다면 큰 오해다. 케인스가 살아 있을 때부터 그와 치열한 논쟁을 벌이며 거의 60년 동안이나 반케인스주의를 설파한 경제학자가 바로 하이에크다. 대처와 레이건이 케인스주의를 배격하면서 내세운 사람도 하이에크였다. 대처가 신자유주의 경제정책을 펼치기 시작했을 때 사방에서 심한 반대가 제기되었다. 하지만 그녀는 결코 케인스주의로 되돌아가지 않을 것을 강조하면서, "당신들은 돌아가고 싶으면 돌아가라. 여인은 돌아가지 않는다"라는

마거릿 대처

로널드 레이건

말을 남겼다. 대처는 옥스퍼드대학 시절부터 하이에크의 책을 읽었고 보수당의 당권을 잡은 후 여러 차례 하이에크에 대한 존경심을 표명했다.

대학에서 경제학을 전공한 로널드 레이건은 대단한 독서광이었다. 그가 대학 시절 공부한 경제학은 케인스 경제학이 아니라 신고전학파 경제학이었고, 대학 졸업 후 배우 생활을 하는 동안 하이에크와 하이에크의 스승 미제스의 책을 읽었다. 레이건은 "우리의 삶과 호주머니에 간섭하지 않는 정부를 만들자"라는 하이에크식 구호를 내걸고 대통령 선거에 나서서 지미 카터에게 압승을 거두었다. 그의 경제정책자문단은 정부 지출 삭감, 규제 완화, 증세 반대를 강력히 주문했고 레이건은 그 주문을 충실히 따랐다.

신자유주의 경제학은 하이에크와 시카고학파의 거두, 밀턴 프리드먼(Milton Friedman, 1912~2006)의 합작품이었다. 고전학파와 신고전학파의 고전적 자유주의와 구분하는 의미에서 '신'자유주의라 부르지만, 정부 개입을 반대하고 시장의 자기 조절 기능을 중시하며 작은 정부와 자유무역을 주창한다는 점에서 근본적인 차이는 없다.

로버트 루카스, 토머스 사전트 등 하이에크와 프리드먼

의 후배들은 새로 '합리적 기대가설'을 내세워 자유방임주의를 극단화하고 거기에 통화주의를 결합하여 새고전학파(New Classical) 경제학으로 발전시켰다. 신고전학파의 '신(Neo)'과 새고전학파의 '새(New)'는 완전히 같은 뜻이지만, 경제학파를 지칭할 때는 구분한다는 점에 유의하기 바란다. 합리적 기대가설이란, 사람들은 항상 사용 가능한 모든 정보를 이용해 미래를 합리적으로 예측하기 때문에 정부가 어떤 정책을 펼치더라도 무력화된다는 내용이다. 새고전학파가 자유방임주의를 극단화했다는 말은 정부의 경제개입과 규제를 무조건 반대하고 현실의 시장을 무조건 승인했다는 의미다. 이는 예전에 신고전학파가 시장이 불완전하거나 제대로 작동하지 않을 경우 정부가 개입해서 문제를 해결해야 한다고 보았던 것과는 차이가 있다. 통화주의는 프리드먼, 브루너(Karl Brunner), 멜처(Allan Meltzer) 등의 경제학자들이 주도한 경제학 흐름으로서, 정부 지출과 세금을 활용하는 재정정책에 반대하고 화폐의 영향력을 중시하며 통화량 증가율을 일정하게 유지할 것을 주장했다. 보통 하이에크의 자유지상주의 경제학, 밀턴 프리드먼의 통화주의 경제학, 루카스 등의 새고전학파 경제학을 모두 묶어서 신자유주의 경제학이라 부른다.

케인스주의의 몰락과 동시에 등장한 신자유주의는 얼마 지나지 않아서 세계 경제학계의 대세로 자리 잡고는, 2008년 세계 금융위기가 발발하기까지 약 30년 동안 엄청난 위력을 발휘했다. 이미 1980년경에 미국의 젊은 경제학자 가운데 스스로 케인스주의자라고 밝히는 사람은 거의 사라졌다. 2000년대가 되면 경기변동 대책을 다루는 토론회에서 정부 지출과 조세를 거론하는 경제학자는 찾아보기 어려워졌다. 경제학자들의 관심은 통화정책에 집중되었다.

하이에크의 오랜 노력은 성공을 거두었다. 1978년 마침내 자신의 시대가 임한 것을 지켜보면서 하이에크는 "이제야 평생 처음으로 학문적 견해가 올바른 방향으로 가는 것을 본다"라고 감격에 겨워 고백했다.

케인스에게 도전장을 내민 하이에크

하이에크는 1899년 5월 의사이자 빈대학 식물학 강사였던 아버지와 유명 경제학자의 딸이었던 어머니 사이에서 태어났다. 외가가 제법 부유해서 하이에크와 그의 형

제들은 빈에서 유복한 어린 시절을 보냈다. 제1차 세계대전 중에는 통신장교로 참전했으며, 전쟁이 끝난 후에는 빈대학에 입학하여 1921년 법학박사 학위를 받았다. 이때 사실 하이에크는 경제학과 심리학 공부에 법학 공부 못지않은 시간을 쏟았다. 그 후 그는 프리드리히 비저(Friedrich von Wieser, 1851~1926)의 지도 아래 경제학을 정식으로 공부해서 두 번째 박사학위를 받았다. 그 사이에 하이에크는 잠시 전쟁 부채 문제를 다루는 정부 기관의 법무 보조원으로 일하기도 했는데, 그때 그는 평생의 멘토가 되는 루트비히 폰 미제스(Ludwig von Mises, 1881~1973)를 만났다. 그 무렵 미제스는 빈대학의 경제학 강사로서, 오스트리아를 혼란에 빠뜨리고 있던 물가 폭등 문제를 집중적으로 연구하고 있었다. 그는 자유의 가치를 중시하여 1922년에 사회주의를 예리하게 비판하는 저서를 출간하기도 했다. 잠깐 사회주의 쪽으로 마음이 기울었던 하이에크는 미제스를 만난 후 완전히 견해를 바꿨다. 하이에크가 세상을 떠날 때까지 열렬한 자유주의 이론가로 활약할 수 있었던 것은 미제스 덕분이라고 해도 과언이 아니다.

하이에크는 1923~24년, 1년 2개월 동안 미국에 머물렀는데 그때 경기변동이 매우 중요한 주제라는 것을 깨닫고 귀국했다. 그것이 계기가 되어 그는 1927년 스승 미제스가 설립한 오스트리아 경기변동연구소 소장에 부임했다. 하이에크는 이 연구소에서 화폐와 물가 그리고 실업의 관계에 대해 세밀하게 연구했다. 1929년에 출간된 그의 첫 번째 저서 『화폐이론과 경기변동(Geldtheorie und Konjunkturtheorie)』(영어 번역본은 'Monetary Theory and the Trade Cycle'이라는 제목으로 1933년 출간되었다)은 그 연구의 결과물이었다.

그 무렵 런던정경대학 정치경제학부의 라이오넬 로빈스(Lionel Robbins, 1898~1984) 교수는 자기 학부를 마샬과 케인스의 케임브리지대학을 능가하는 영국 경제이론의 최고 산실로 만들려는 야심을 품고 있었다. 로빈스는 케인스를 상대할 최고의 이론가로 하이에크를 점찍고는 그를 자기 대학으로 초청하여 네 차례 강연하게 하는 한편, 그의 독일어 논문을 영어로 번역하여 런던정경대학 학술지 〈에코노미카(Economica)〉에 게재하였다. 이 강연을 계기로 하이에크는 런던정경대학 교수직을 제안받았다. 하이에크는 1932년 그 대학 교수로 부임하여 1950년 미국 시카고대학으로 옮길 때까지 재직하였다.

로빈스는 하이에크가 런던정경대학 교수로 부임하자마자 1930년에 나온 케인스의 『화폐론』을 세밀하게 검토해서 서평을 쓰라고 지시했다. 로빈스는 하이에크의 서평을 〈에코노미카〉에 2회에 걸쳐 게재하였다. 케인스가 이 서평을 정면 반박하는 글을 〈에코노미카〉에 실으면서부터 두 경제학자 사이의 길고도 치열한 논쟁이 시작되었다. 하이에크와 케인스 두 사람은 〈에코노미카〉 논쟁 후에 여러 차례 서신을 교환하면서 논쟁을 이어갔다. 이 서신 논쟁은 케인스가 『일반이론』 저술 때문에 먼저 중단을 선언함으로써 일단락되었다

희한하게도 앞서 '도발'을 했던 하이에크는 케인스의 대표작 『일반이론』이 출간되었을 때는 침묵을 지켰다. 논쟁을 벌이기보다는 자기 이론을 제대로 정립하는 것이 급하다고 판단했던 것 같다. 그의 노력은 1941년 『순수 자본 이론(The Pure Theory of Capital)』의 발간으로 열매를 맺었지만, 이미 때는 늦었다. 케인스 경제학은 태풍으로 바뀌었으며, 니콜라스 칼도어(Nicholas Kaldor, 1908~1986), 존 힉스(John Hicks, 1904~1989), 아바 러너(Abba Lerner, 1903~1982) 등 한때 하이에크를 추종했던 경제학자들이 하나둘씩 케인스 진영으로 옮겨갔다. 심지

어 마샬의 수제자였던 피구까지도 케인스의 책에 대한 자신의 평가를 바꾸면서 케인스를 칭찬하는 경제학자의 대열에 합류했다. 하이에크는 『순수 자본 이론』 몇 군데에서 『일반이론』을 비판했지만, 취약점을 제대로 찾아서 정면 공격한 것이 아니라 변죽만 울리는 데 그쳤다. 『일반이론』이 엄청난 반응을 이끌어냈던 것과는 대조적으로, 하이에크의 『순수 자본 이론』은 찻잔 속의 태풍으로 그치고 말았다.

이 시기 하이에크의 학문적 노력이 늘 찬밥 대접을 받았던 것은 아니다. 그는 『순수 자본 이론』 출간 이후 사회주의와 계획경제에 대한 본격적인 비판서 『노예의 길 (The Road to Serfdom)』을 집필하여 1944년에 세상에 내놓았다. 자유시장을 버리고 계획을 도입하려는 사람들은 의도가 아무리 선하다 하더라도 결국은 폭정의 길로 나아갈 수밖에 없다는 것이 이 책의 핵심 내용이었다. 하이에크가 비판의 대상으로 삼은 것은 사회주의와 파시즘이었지만, 미국과 영국 등 연합국도 전쟁이 끝난 후 전시의 경제관리 방식을 유지하다가 전체주의로 향하지 않을까 하는 우려가 컸다. 『노예의 길』은 영국과 미국에서 뜨거운 반응을 이끌어내며 하이에크의 대표작으로 자리 잡았다.

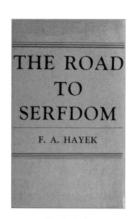

『노예의 길』

　하지만 『노예의 길』이 케인스의 위세를 꺾을 수는 없었다. 사람들은 그 책을 사회주의에 대한 적절한 비판이라 여겨서 관심을 보였을 뿐, 케인스에 대한 도전으로 보지는 않았다. 케인스 본인도 이 책을 읽은 후, 동의할 뿐만 아니라 깊은 감동을 느꼈다고 칭찬하는 편지를 하이에크에게 보냈다. 이때부터 1970년대 전반까지 하이에크는 케인스와의 논쟁에서 패배했다는 좌절감과, 경제학자들과 세상으로부터 인정받지 못했다는 고립감 속에서 살았다. 1946년 케인스가 죽은 후 케인스주의의 열풍은 오히려 더 강하게 불었다.

하이에크, 전 세계의 '자유주의자'들을 불러 모으다

하이에크가 이런 상황을 수동적으로 받아들이기만 한 것은 아니었다. 1947년 그는 전 세계에서 '숭고한 박해'를 받으며 고립되어 있던 자유주의자들을 스위스 몽펠르랭(Mont Pèlerin, '펠르랭 산'이라는 뜻이다)으로 불러 모았다. 10개국에서 37명이 참석했다. 그중에는 미제스, 로빈스, 프리드먼, 프랭크 나이트(Frank Knight, 1885~1972), 조지 스티글러(George Stigler, 1911~1991) 등 경제학자는 물론이고 철학자 칼 포퍼(Karl Popper, 1902~1994), 역사학자 시슬리 웨지우드(Cicely Veronica Wedgwood, 1910~1997)가 포함되어 있었는데, 이들은 나중에 신자유주의 신봉자들에게 경외의 대상이 되는 사람들이다. 참석자들은 1주일 이상 호텔에 머물며 격렬한 토론을 벌였으며 회의를 마치면서 강령을 작성했다. 하이에크는 이 회의가 자유주의 운동을 부활시키는 출발점이 될 것이라는 확신을 표명했다. 그 후 이 모임은 몽펠르랭협회(Mont Pèlerin Society)로 발전하여 매년 회의를 개최했다.

1950년 하이에크는 런던정경대학을 떠나 미국 시카고대학으로 자리를 옮겼다. 하지만 경제학과가 아닌 사회사

상위원회 소속이었고, 담당 분야도 경제학이 아니라 사회 및 윤리과학이었다. 그래서 그랬는지 하이에크는 시카고 대학에서 12년 근무하는 동안 연구 분야를 경제학에 한정하지 않고 심리학, 정치철학, 사상사, 사회과학 방법론 등으로 넓혔다. 1960년에 나온 또 하나의 대작 『자유헌정론(The Constitution of Liberty)』은 그 결과물이었다. 하이에크는 이 책을 20세기판 『국부론』이 되기를 바라며 집필했다고 하는데, 막상 책 출판 후의 반응은 실망스러웠다.

하이에크는 오랜 세월 좌절감에 빠져 있었던 탓인지 1960년에 우울증이 발병했고 이듬해에는 가벼운 심근경색까지 겪었다. 그는 1962년 독일 프라이부르크대학으로 자리를 옮겨서 일하다가 1968년 은퇴했다. 1969년에는 모국인 오스트리아의 잘츠부르크대학 명예교수가 되어 1977년까지 근무했다. 1969년에 다시 심근경색을 겪은 후 그의 건강은 계속 악화되었으며, 우울증도 한층 심각해져서 항우울제가 없이는 생활하기 어려울 정도였다. 하이에크는 그 시절 인생의 맨 밑바닥을 걷고 있었다.

동트기 전이 제일 깜깜하고, 맨 밑바닥을 경험하면 그 다음부터는 올라갈 일만 남는다고 했던가? 1974년 하이에크의 인생에 갑자기 환한 빛이 임했다. 그 해 그는 스웨덴 경제학자 군나르 뮈르달(Gunnar Myrdal, 1898~1987)과 함께 노벨경제학상을 수상했다. 하이에크의 대표작 『노예의 길』도 다시 대중의 관심을 끌기 시작했다. 앞서 언급했지만, 스태그플레이션이 진행되면서 케인스주의는 급격히 퇴조했다. 바야흐로 케인스의 시대는 가고 하이에크가 대세가 되었다. 개인적인 영광도 이어졌다. 1984년 영국 엘리자베스 여왕이 수여하는 명예훈장을 받았고, 1991년에는 미국 부시 대통령이 수여하는 '자유의 메달'을 수상했다. 1988년에는 『노예의 길』에 이어 사회주의를 정면 비판하는 『치명적 자만(The Fatal Conceit)』을 출간했다. 그의 마지막 저서였다. 곧이어 그는 그렇게도 비판했던 사회주의가 붕괴하는 것을 자기 눈으로 지켜봤다. 하이에크는 수십 년을 케인스에게 눌려서 좌절감과 고독감 속에서 살았지만, 인생의 말년에는 케인스를 누르고 사회주의의 붕괴를 목격하는 기쁨을 누린 것이다. 1992년 그는 학자로서 최고의 찬사를 받는 가운데 세상을 떠났다.

하이에크는 경기변동을 어떻게 설명했지?

하이에크는 약 60년에 걸쳐서 많은 책과 논문을 집필했고 또 관심 분야가 무척 넓었기 때문에, 그의 이론을 간단하게 정리하기가 쉽지 않다. 여기서는 두 가지만 소개하기로 하자. 하나는 경기변동 이론이고, 다른 하나는 자유시장 옹호론이다.

하이에크는 불황이 발생하는 원인을 정부가 통화량을 인위적으로 증가시키는 데서 찾는다. 중앙은행의 개입으로 통화량이 증가하면, 실제 이자율과 자연이자율(natural rate of interest) 사이에 괴리가 생긴다. 자연이자율이란 정부가 개입하지 않고 자유시장에 맡길 경우 성립할 이자율을 가리키는데, 시중에 돈이 많아지니 실제 이자율이 자연이자율을 밑돌게 되는 것이다. 이자율이 낮아진다는 것은 돈을 예전보다 싸게 빌릴 수 있다는 의미다. 생산자는 돈이 생각보다 싸진 상황을 감지하고는 돈을 빌려서 투자에 나선다. 인위적으로 낮춰진 이자율 때문에 하지 말아야 할 과잉 투자를 하는 것이다. 이때 주로 투자가 되는 곳은 상층 자본재 분야다. 자본재란 기계, 장비, 원자재 등 생산을 효과적으로 하기 위해 투입하는 물건을 의미하는데, 상층 자본재란 그런 자본재를 만드는 데 쓰이는 자본재를 가리킨다. 건물, 사회간접자본, 내구성이 높은 기계 등이 여기에 해당한다. 자본재를 만드는 자본재, 자본재를 만드는 자본재를 만드는 자본재, 자본재를 만드는 자본재를 만드는 자본재를 만드는 자본재… 이처럼 자본재 생산의 단계가 늘어가는 것을 하이에크는 우회생산이라 부른다. 낮은 이자율 때문에 이뤄지는 과잉 투자는 우회생산의 길이를 늘이는 쪽으로 작용한다.

투자가 저축을 기반으로 해서 정상적으로 증가하는 것은 경제 성장을 가져오고 국민들을 더 부유하게 만들기 때문에 바람직하다. 하지만 투자가 지나치게 증가하면 경기가 과열되고, 나중에 과잉 투자였음이 드러나서 기업들이 투자를 줄인다든지 정부가 통화량을 줄인다든지 하는 일이 생기면 경제는 갑자기 위축되고 불황이 발생한다. 그동안 확장되어 온 자본재 생산단계 중 상당 부분이 붕괴하고 우회생산은 축소의 과정을 밟게 된다. 이는 마치 거품이 팽창했다가 어느 순간 터지는 것과 같은 원리다. 화폐의 과잉 공급과 그로 인한 이자율의 하락을 불황의 출발점으로 보았다는 점에서 하이에크의 경기변동 이론은 화폐적 과잉투자설이라 불린다.

정부가 개입해서 의도적으로 유효수요를 창출해야 한다고 주장한 케인스와는 확실히 결이 다르다. 하이에크는 그와 같은 정부 개입은 일시적으로 호황을 가져올 수는 있으나, 결국에는 위기와 불황으로 귀결된다고 보았다. 그는 불황에서 탈출할 수 있는 쉬운 방법은 없다고 생각했다. 자유시장은 자체만의 자연적 치유책을 갖고 있기 때문에 거기에 맡기는 것이 최선이라는 것이 하이에크의 소신이었다. 케인스처럼 감언이설로 신속한 처방을 제시하는 사람은 돌팔이요 사기꾼이기 때문에 믿어서는 안 된다고 주장하기까지 했다.

사회주의와 계획에는 절대 반대!

하이에크는 평생 자유시장을 옹호하고 사회주의와 계획경제를 비판했다. 하이에크에 따르면, 모든 인간은 불완전하며 자기 주변에 대해 제한된 지식만을 갖고 있다. 더욱이 자연과 사회에 대한 인간의 지식은 수많은 사람에게 분산되어 있다. 잘 안다는 이유로 다른 사람들을 지도할 수 있는 사람은 존재하지 않는다. 그러므로 소수의 사람에게 다른 사람들을 지배하고 통제할 힘을 주어서는 안 된다. 모든 사람에게 개인적 자유를 주고 각자가 가진 제한적인 지식에 따라 살아갈 수 있게 허용하여, 어떤 삶의 방식이 우월한지 자유롭게 실험해 보도록 하는 것이 최선이다. 시장은 이 실험이 이루어지는 공간이다. 사람들은 시장에 참가하여 자유롭게 경쟁하는 과정을 통해 정보와 지식을 얻고 실수를 바로잡는다. 자유시장은 제한된 지식과 정보밖에 가지지 않은 개인들을 사회적으로 결합하고, 그들의 제한된 지식과 정보를 최선의 방식으로 사용될 수 있게 만들어준다. 개인들에게 판단 착오를 시정하도록 피드백을 주고 동기를 부여하는 일에 자유시장보다 나은 제도는 없다.

"그들(중앙집권적 계획을 옹호하는 사람들: 인용자)이 주장하는 바는, 경제 과정 전체의 실상을 수미일관하게 파악하는 일이 점점 어려워지기 때문에, 사회가 혼돈 상태에 빠질 경우 부득이 어떤 중앙기구가 사태를 조정해야만 한다는 것이다. 하지만 이런 주장은 경쟁의 작용에 대한 완전한 오해에서 나온다. … '의식적인 통제'를 통해 조정을 제대로 한다는 것은 불가능하다. 각 행위자가 다른 사람들의 의사결정에 비추어 자신의 의사

결정을 효과적으로 수정할 수 있도록 각자가 가진 정보를 전달해주는 제도가 있어야만 조정이 제대로 이루어질 수 있다. … 이것이 바로 경쟁적 가격기구가 하는 일이며, 다른 어떤 장치도 이 일을 해낼 수 있을 것 같지는 않다. … 전체가 복잡하면 할수록 우리는 개개인이 가진 분할된 지식에 더 의존하게 되는데, 이 경우 개개인의 노력은 각자가 알고 있는 관련 정보를 전달해주는 비인격적 메커니즘인 가격기구를 통해 조정된다."(『노예의 길』, 84~85쪽)

개인적 자유와 개인의 선택을 중시했던 하이에크는 집계변수들 간의 인과관계를 분석하는 케인스의 방식을 강하게 비판했다. 이 방식은 오늘날 거시경제학 분야에서 보편화된 분석 방법이다. 화폐를 모두 합친 통화량, 개별 가격들을 모두 합친 물가, 개별 생산량을 모두 합친 국민총생산 등을 집계변수라 부르는데, 이 변수들 사이에서 인과관계를 찾으려고 하는 것은 어리석은 짓이다. 경제의 움직임을 이해하는 데 열쇠가 되는 것은 각 개인이 내리는 결정이며 그 결정은 너무 많아서 측정하기가 어렵다는 것이 하이에크의 생각이었다.

민주 국가에서 모든 개인은 자기만의 가치관을 갖고 있다. 그런데 모든 계획은 암묵적으로 공통의 가치체계가 존재한다는 가정 아래 만들어진다. 하지만 하이에크에 따르면, 공통의 가치체계란 존재하지 않기 때문에 계획 당국은 특정 가치체계를 사회에 강요하게 되고, 목표 달성을 위해 경제적으로뿐만 아니라 정치적으로 통제력을 행사하게 된다. 계획은 폭정으로 귀결되기 쉽고, 계획경제를 극단적으로 추구하는 사회주의는 모든 사람을 노예로 만들 수밖에 없다.

하이에크는 선거로 대표를 선출하여 그들이 법률과 정책을 만들도록 하는 대의민주주의에도 반대했다. 개인의 자유를 위축시키고 불필요한 비용을 발생시킨다는 이유에서다. 그는 모든 국민이 정책 결정에 직접 참여하는 참여민주주의를 지지했는데, 이를 실현할 수 있는 유일한 제도는 자유시장이라고 믿었다.

자유시장에 대한 확고한 신념 때문에 하이에크는 정부의 역할은 가능한 한 축소해야 한다고 주장했다. 국방처럼 정부 말고는 누구도 맡을 수 없는 역할을 제외하고는 모두 민간에 넘겨야 한다는 것이 그의 생각이었다. 여기에는 교육, 통신, 우편, 전화, 방송 등의 공익사업과 사회

보험은 물론이고 화폐 발행까지도 포함되었다. 하이에크가 무정부 상태를 바랐던 것은 아니다. 그는 이 기능들을 다수의 준상업적 기업들이 맡아서 서로 경쟁하는 가운데 시민들에게 서비스를 제공하는 방식을 생각하고 있었다. 영국 수상 마거릿 대처와 미국 대통령 로널드 레이건 그리고 우리나라의 이명박 · 박근혜 전 대통령들이 추진한 공기업 민영화 정책과 내용이 유사하다. "어떤 지적인 영향으로부터도 완전히 벗어나 있다고 믿는 실무가들도 이미 고인이 된 어떤 경제학자의 노예이기 쉽다"라고 했던 케인스의 말이 생각나게 하는 대목이다.

하이에크는 모든 사람이 법 앞에 평등하다는 것을 인정했지만, 정부가 사회정의를 실현한다는 명목으로 소득을 재분배하여 모두를 평등하게 만들려고 하는 것에는 반대했다.

> "정의를 실현하기 위한 계획에 일단 착수하면, 정부는 개개인의 운명과 지위에 대한 책임을 면할 수가 없다. 계획사회에서 우리는 누구도 통제할 수 없고 확실히 예견할 수도 없는 환경 때문이 아니라, 계획 당국이 그 뜻대로 결정한 것 때문에 남보다 더 잘살거나 못살

게 된다는 사실을 알게 될 것이다. 그렇게 되면 지위의 개선을 바라는 우리는 통제할 수 없는 환경을 최대한 예측하고 그것에 대비하기보다는 모든 권력을 가진 당국에 영향력을 미치는 일에 모든 노력을 기울이게 될 것이다."(『노예의 길』, 159쪽)

하이에크는 과정이 공정하다면, 결과가 아무리 불평등하더라도 그것은 공평한 분배라고 믿었다. 그는 여기서 한 걸음 더 나아가 불평등이 없이는 경제적 진보는 불가능하다는 주장까지 해서, 나중에 보수주의자들이 사회정의 실현을 위한 노력을 깎아내리는 데 강한 논거를 제공했다. 단, 하이에크가 모든 계획과 복지 지출에 반대한 것은 아니라는 점에 유의할 필요가 있다. 그는 정부의 계획 중에는 경쟁을 촉진하는 것이 있다고 보고 그런 계획은 자유시장과 모순되지 않는다고 생각했다. 최저생활 보장을 위한 복지 지출도 재분배를 목적으로 하는 것이 아니라 자본주의적 분배의 결함을 보완하기 위한 것으로 여겨 그 필요성을 인정했다.

하이에크의 시대, 종언을 고하다

하이에크의 시대에 신자유주의자들은 참으로 기세등등했다. 그들은 사회주의 붕괴 후 정치학자 프랜시스 후쿠야마(Francis Fukuyama)가 했던 "세계는 역사의 종착역에 도달했다"라는 말을 빌려서 세계 경제가 "경제사의 종착역"에 도달했다고 선언했다. 1930년대의 대공황과 같은 경제적 재앙은 더 이상 찾아오지 않을 것이라는 신념을 표현한 것이다. 2003년 새고전학파의 대표 주자 로버트 루카스는 거시경제학이 경기변동이라는 괴물을 완전히 정복했다고 선포했다.

신자유주의 경제학자들의 믿음이 엉터리였음이 드러나는 데는 시간이 얼마 걸리지 않았다. 2008년 미국의 서브프라임 모기지 사태에서 비롯된 금융위기가 전 세계로 확산되면서 1930년대 못지않은 공황이 발발한 것이다. 금융기관들이 줄줄이 도산하는 끔찍한 상황을 목격한 세계 주요 정부들은 위태로운 금융회사들에 거액의 구제 자금을 투입하면서 통화 공급을 대대적으로 늘리는 정책을 펼쳤다. 그와 함께 정부 지출 확대라고 하는 전형적인 케인스주의 처방을 병행하였다. 30년 동안 잊혔던 케인스의 이름이 갑자기 되살아났다. 대규모 불황은 이제 없을 것이라며 큰소리를 쳤던 신자유주의 경제학자들은 꿀 먹은 벙어리처럼 침묵을 지켰다. 케인스를 추종하는 경제학자의 숫자는 매우 적다. 그들을 신케인스 학파라고 부르는데, 요즈음 이들의 어깨에 힘이 들어가고 있다. 1970년대 말부터 2008년까지 케인스주의가 겪었던 일이 도로 신자유주의자들의 운명이 될 가능성은 매우 커 보인다.

신자유주의 경제학을 탄생시킨 또 한 사람의 경제학자

신자유주의 경제학의 정신적 지주로 꼽히는 사람이 한 명 더 있다. 바로 밀턴 프리드먼(Milton Friedman, 1912~2006)이다. 그는 1912년에 태어났으니 하이에크보다 13살 어렸다. 프리드먼은 하이에크가 처음 소집한 몽펠르랭 모임에 35세의 젊은 나이로 참석했다. 그때가 첫 해외여행이었다고 한다. 그저 스위스 유람을 한다는 생각으로 모임에 참석했던 프리드먼은 전 세계에서 모여든 자유주의자들이 벌이는 뜨거운 토론을 지켜보면서 많은 자극을 받았다. 이 모임은 프리드먼이 하이에크와 함께 신자유주의 경제학의 쌍두마차로 활약하게 되는 결정적인 계기가 되었다.

사람들은 미국 시카고대학 경제학과를 신자유주의 경제학의 본거지로 알고 있다. 하이에크는 시카고대학에서 12년 동안 근무하기는 했지만 경제학과 교수로 임용되지는 못했다. 당시 시카고대학 경제학과 교수들이 하이에크를 반기지 않았기 때문이다. 반면 프리드먼은 1948년에 시카고대학 경제학과 교수로 부임해서 30년 동안 근

밀턴 프리드먼

무했다. 그 사이에 그는 시카고학파를 이끄는 최고 리더의 자리에 올랐다.

프리드먼은 정부 개입을 극도로 싫어했다는 점에서 하이에크와 생각이 같았지만, 막상 경제이론에서는 하이에크를 추종하지 않았다. 하이에크는 경제의 움직임을 이해하는 데 열쇠가 되는 것은 각 개인이 내리는 결정이며 그 결정은 너무 많아서 측정하기 어렵다고 생각했다. 케인스처럼 개인의 결정들을 전부 합치거나 평균해서 집계변수로 만들고 그 변수들 간의 관계를 따지는 것은 어리석은 짓이라고 비판했다. 하지만 프리드먼은 오히려 케인스의 방식을 받아들여 통화량과 물가, 국민소득의 관계를 분석하는 데 몰두했다. 게다가 그는 생산단계의 과잉 확장을 불황의 원인으로 보는 하이에크의 이론을 너무 난해하고 시대에 뒤떨어진 것으로 여겨 무시했다. 다만, 프리드먼은 정부가 경제에 적극적으로 개입해서 경기변동을 조절하는 것, 특히 불황기에 정부 지출을 확대해서 불황을 극복하려고 하는 것에 대해서는 절대 반대의 입장을 취했다.

프리드먼이 제일 중요하게 취급한 경제변수는 통화량이었다. 그는 1930년대 대공황은 유효수요가 부족해서 발생한 것이 아니라 정부가 통화량 조절에 실패하는 바람에 일어났다고 주장했다. 대공황 발발 이전 미국의 통화량은 폭발적으로 증가했는데, 막상 공황이 시작되자 연방준비위원회가 통화량을 급격히 줄였다는 것이다. 연방준비위원회는 미국의 중앙은행이다. 1929~33년 사이에 연방준비위원회가 금리를 내리고 통화량을 늘렸더라면 불황은 서너 해 정도 가볍게 진행되고 끝났을 것이라는 게 프리드먼의 생각이었다. 그렇다고 그가 통화량 조절로 경기변동을 조절할 것을 주장했는가 하면 그렇지 않다. 프리드먼은 정부의 역할은 통화량이 일정한 비율로 증가하도록 해 놓고 아무 일도 하지 않는 것이라고 보았다. 이런 주장을 펼쳤던 프리드먼과 그 지지자들을 경제학에서는 통화주의자라고 부른다.

통화주의자들과 케인스주의자들 사이에 치열한 논쟁이 벌어졌다. 이 논쟁에서 케인스주의가 미국을 휩쓸던 시기에는 미치광이 취급을 받던 통화주의자들이 마침내 승리했다. 1970년대 말의 일이다. 통화주의자들은 정부 지출을 늘리면 유효수요가 늘어서 손쉽게 불황을 극복할 수 있다는 케인스주의자들의 주장을 정면으로 공격했다. 정부 지출 증가는 이자율을 끌어올리고(정부가 돈을 더 빌려야 하니 이자율은 올라갈 수밖에 없다) 민간의 투자를 위축시키는 효과가 있다는 이유에서다. 정부 지출로 유효수요를 증가시켜 봐야 민간 투자가 줄어드니 말짱 도로묵이라는 말이다.

1976년 프리드먼도 노벨경제학상을 받았다. 하이에크가 수상한 지 2년 후의 일이었다. 노벨상 위원회는 두 사람이 머지않아 세계 경제학계를 석권할 것을 알고 있었던 것일까?

"05"
토마 피케티*,
세습자본주의의 도래를 경고하다

• 피케티의 대표작은 『21세기 자본(Capital in the Twenty-First Century)』이다. 그는 마르크스의 『자본(Capital)』을 의식해서 책 제목을 붙인 것으로 보인다. 하지만 그가 말하는 자본의 개념은 마르크스나 주류 경제학에서 말하는 개념과 다르다. 그것은 단순히 기계, 건물, 설비 등의 자본재가 아니며, 자본재와 함께 부동산, 금융자산, 심지어 노예제도 하의 노예까지 포함하는 넓은 개념이다. 그러니 '자본'이 아니라 '자산'이라고 불러야 정확하다. 이 글에서는 피케티의 글을 직접 인용하는 부분 외에는 '자본'을 '자산'으로 고쳐 썼다.

경제가 발전하면 불평등이 줄어든다고?
웃기는 소리!

경제학이 다루는 핵심 주제는 무엇일까? 맬서스, 리카도, 마르크스 등 19세기의 경제학 대가들은 분배 문제를 경제학이 우선적으로 파헤쳐야 할 문제로 보았다. 그러나 당시에는 분배 상황에 관한 체계적인 자료가 없었기 때문에 논리적 추론에 그쳐야 했다. 핵심 주제인 만큼 분배에 관한 이론들이 다각도로 제시되었지만, 실제 자료와 결합해 설득력 있게 전개한 것은 아니었다.

현대 경제학의 관점에서 볼 때 뚜렷한 성과는 20세기 중반에야 비로소 등장한다. 러시아 출신의 쿠즈네츠(Simon Kuznets, 1901~1985)는 세밀한 통계를 구축함으로써 경제학의 지평을 획기적으로 넓힌 대표적인 학자로, 1971년에 노벨상을 받는다. 그는 특유의 치밀함으로 미국의 국민소득 통계를 1869년까지 거슬러 올라가 집계하는 성과를 거둔다. 게

다가 국세청 자료를 바탕으로 소득분포에 관한 자료까지 구축하는 업적을 남긴다.

그는 전미경제학회 회장 연설에서 스스로 구축한 세밀한 통계 수치를 바탕으로 그 유명한 역U자 가설을 설파한다. 결론은 다음과 같았다. 경제발전 초기에는 불평등이 심화되는 경향이 있지만 산업화 과정에서 생산성이 증가한다. 많은 사람이 그 과정에 참여하면서 혜택이 확산되어 불평등이 점차 줄어든다. 이것은 리카도와 마르크스 등 고전학파 경제학자의 우울한 예측을 뒤엎는 것이었고 개발도상국에는 희망의 메시지였다. 산업화의 시동을 걸고 낙수효과를 기다리면 되기 때문이다. 이러한 가설에 힘입어 현대 경제학은 불평등이라는 문제를 애써 외면할 수 있었고, 역U자 가설을 소득분배에 관한 정설로 여겨 왔다.

쿠즈네츠의 가설은 여전히 유효한가? 2013년 프랑스의 한 경제학자는 자신의 책을 통해 쿠즈네츠와 정반대의 결과를 보여준다. 즉, 불평등의 역사적 추세는 역U자가 아닌 U자 모양이다. 쿠즈네츠도 당시로서는 방대한 자료를 사용했지만, 이 경제학자는 시계열을 앞뒤로 확장해 유럽과 미국 등 주요 선진국에 대해 300년에 걸친 자료를 구축했다. 구축한 데이터만으로도 독자를 압도한다.(류동민·주상영, 『우울한 경제학의 귀환』, 224~227쪽)

분배 문제를 중시했던 고전학파 경제학이 어쩌다가 그 문제를 완전히 무시하는 신자유주의 경제학으로 발전했는지 참 궁금하다. 시장경제를 찬양하다가 거기서 생길 수 있는 심각한 문제를 직면하기가 두려웠던 것일까? 신자유주의 경제학자들이 시장경제의 효율성에 매료되어 있는 동안에 소득과 부의 불평등은 점점 심해졌다. 학자들은 논리로 따지지만, 대중은 느낌으로 안다. 사실 불평등 문제가 경제학계에서 화두가 되기 전에 이미 대중은 불평등에 항의하기 시작했다. 학자들이 예고하고 대중은 그것을 판단해서 의사결정을 하는 것이 순서임에도, 불평등 문제는 그런 순서로 부각되지 않았다. 대중이 움직이는 와중에도 많은 경제학자는 엉터리 예언을 내뱉고 있었다. 그럴 때 토마 피케티(Thomas Piketty, 1971~)가 없었다면 어떻게 됐을까? 전 세계 대학의 경제학과들이 문을 닫아야 했을지도 모른다.

'경제학계의 록스타', 현대 경제학에 경종을 울리다

신자유주의 경제학이 득세하자 수십 년 동안 케인스에 눌려 지내던 하이에크가 최고의 찬사를 받는 경제학자의 자리로 올라섰지만, 자본주의 시장경제는 예전에 없던 심각한 문제 때문에 어려움을 겪기 시작했다. 사실 2008년의 세계적 금융위기는 그동안 자본주의 내부에서 서서히 확대되던 모순이 폭발한 것으로 볼 수 있다. 이 모순은 자본주의 자체에서 비롯된 부분도 있지만, 신자유주의 경제 정책의 오류 때문에 생긴 부분도 작지 않다. 그것은 바로 불평등이다.

　1950년대와 60년대는 자본주의의 황금기라 불린다. 케인스주의가 위력을 발휘해서 빠른 경제 성장이 가능했고, 성장의 열매는 중산층은 물론이고 저소득층에게까지 돌아갔다. 그 결과 소득과 자산의 분배는 유례없이 평등해졌다. 미국의 경우, 불평등이 가장 심각했던 1930년경에 소득 상위 10% 계층이 가져간 소득의 비중은 50%에 육박했으나, 1950년대와 60년대에는 그 비율이 35% 아래로 떨어졌다. 영국과 프랑스의 경우, 불평등이 가장 심했던 시기는 1910년경이었는데 그때 소득 상위 10% 계층이 가져간 소득의 비중은 45%를 약간 초과했다, 그 비율은 1950년대와 60년대가 되면서 프랑스는 약 35%로, 영국은 약 30%로 떨어졌다. 소득 불평등이 현저하게 완화됐던 것이다. 이런 현상을 낳은 주요 원인으로는, 제1차 세계대전과 제2차 세계대전을 거치면서 많은 자산이 파괴되어 고소득층의 자산소득이 줄었고, 불평등 억제 효과가 큰 부유층에 대한 무거운 과세, 적극적인 복지정책 그리고 시장경쟁의 공정성을 확보하기 위한 강한 규제가 한꺼번에 시행되었다는 점을 꼽을 수 있다. 앞에서 케인스주의 경제정책으로 정부 지출 확대만을 언급했지만, 정부의 적극적인 시장개입이라는 면에서 이 정책들도 케인스주의의 범주에 들어간다.

신자유주의의 바람이 몰아치면서 그 이전 시행되었던 정책들은 모조리 후퇴했다. 신자유주의의 기수였던 대처 수상과 레이건 대통령이 감세, 규제 완화, 복지 축소, 공기업 민영화 등의 정책을 밀어붙였다는 사실은 앞에서 언급한 바 있다. 그 결과 1950년대와 60년대에 뚜렷이 완화되었던 불평등은 1980년 이후 급격히 심해졌다. 미국의 경우 2000년대 들어 소득 상위 10%가 가져가는 소득의 비중이 다시 50%로 올라갔고, 영국도 그 비율이 약 30%에서 40% 이상으로 상승했다. 프랑스의 경우 양상이 두 나라와 달라서 불평등이 심해진 정도가 약하기는 하지만, 이 비율이 1980년 이후 조금씩 상승한 것은 사실이다.

일반적으로 자산의 불평등은 소득 불평등보다 훨씬 심하다. 20세기에 주요 선진국에서 자산 불평등이 가장 심각했던 때는 1910년경이다. 이때 미국에서는 상위 10%

가 차지한 자산의 비중이 전체 자산의 약 80%에 달했고, 영국과 프랑스의 경우 그 비율은 약 90%였다. 하위 90%가 전체 자산의 10~20%밖에 갖지 못했으니 당시의 자산 소유가 얼마나 불평등했는지 미루어 짐작할 수 있다. 1950, 60년대에는 소득과 마찬가지로 자산도 불평등이 현저하게 완화되었다. 1960년대 말 상위 10%가 차지한 자산의 비중이 미국과 영국의 경우 각각 약 63%, 프랑스의 경우 약 61%로 떨어졌으니 말이다. 하지만 신자유주의가 득세한 이후에는 소득 불평등과 마찬가지로 자산 불평등도 다시 심해졌다. 1970~2010년에 상위 10% 자산 소유자의 소유 비중은 미국의 경우 63%에서 71%로, 영국의 경우 63%에서 70%로 크게 올라갔다. 단지 프랑스만 60% 초반 대에서 거의 변화가 없었다.

시대가 인물을 낸다고 했던가? 약 30년 동안 불평등이 점점 심해지고 급기야 세계적인 금융위기까지 닥친 상황에서, 오랜 세월 불평등 문제에 천착해 온 경제학자 한 사람이 대중의 눈앞에 갑자기 등장했다. 바로 『21세기 자본(Capital in the Twenty‒First Century)』을 저술한 프랑스 경제학자 토마 피케티다.

2010년대 세계 경제학계의 최대 사건은 토마 피케티의

『21세기 자본』 영어판이 출간된 것이다. 피케티가 직접 쓴 프랑스어판은 큰 관심을 끌지 못했는데, 2014년 4월 미국 하버드대학 출판부가 영어판을 발간하자마자 그 책이 날개 돋친 듯 팔리면서 갑자기 전 세계에 '피케티 열풍'이 불기 시작했다. 판매 속도가 얼마나 빨랐던지, 하버드대학 출판부는 예상하지 못한 주문에 응하느라 인도와 영국에 있는 인쇄기에 의존해야만 했다. 노벨경제학상을 수상한 폴 크루그먼(Paul Krugman)과 조지프 스티글리츠(Joseph E. Stiglitz)는 이 책에 대해 극찬을 아끼지 않았으며, 경제학을 비롯해 사회학, 정치학, 역사학 분야에서 이 책을 둘러싸고 뜨거운 논쟁이 벌어졌다. 피케티는 사회문제를 다루는 방송 프로그램은 물론이고 뉴스, 심지어 예능 프로그램에까지 출연했다. 세계 여러 나라로부터 초청을 받아서 강연을 다녔는데 그가 나타나는 곳마다 사람들이 구름처럼 몰려들었다. 실로 '피케티 신드롬', '피케티 패닉'이라 부를 만한 상황이 전개되었다. 이 현상을 본 사람들 눈에 피케티는 '경제학계의 록스타'였다. 『21세기 자본』은 출간 후 2년이 지나지 않은 2015년 말에 이미 30개국 언어로 번역되어 210만 권 넘게 팔렸다고 한다.

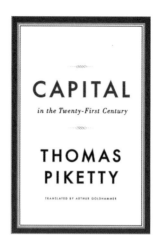

『21세기 자본』

　피케티의 『21세기 자본』은 경제학 분야에서 사라지다
시피 한 분배와 불평등의 문제를 다시 전면에 부각시켰다
는 점에서, 아울러 경제학자들의 마음속에 자리 잡고 있
던 고정 관념, 즉 '경제가 성장하면 불평등은 완화된다'라
는 믿음을 깨뜨렸다는 점에서 의의가 크다. 경제를 자유
시장에 맡기고 가만히 지켜보기만 하면 늘 좋은 결과가
나온다고 믿고 있던 신자유주의 경제학자들은 2008년의
금융위기에 크게 한 번 얻어맞고 비틀거리다가 피케티에
게 두 번째 강편치를 맞은 셈이다.

쿠즈네츠의 역U자 가설은 틀렸다

『21세기 자본』은 전문 경제학자가 읽기에도 쉽지 않은 책이다. 그럼에도 이 책이 전 세계 일반 대중에게까지 주목을 받게 된 것은, 수십 년간 신자유주의 경제학자들이 마구 유포한 분배 낙관론의 내용과는 달리 현실에서는 불평등이 심화되고 있음을 피부로 느끼고 있던 전 세계 대중에게, 그들의 인식이 옳다는 것을 방대한 통계 자료의 분석으로 보여주었기 때문이다. 피케티는 신자유주의 경제학자로서는 꿈도 못 꿀, 300여 년에 걸친 장기통계, 그것도 여러 나라의 통계를 정리·분석하여 불평등의 추이를 보여주는 놀라운 방법을 사용했다. 늘 수학적 모형만으로 장난감 놀이를 하듯 연구를 해 온 신자유주의 경제학자들은 충격을 받을 만한 연구 방법이다.

앞에서 소개한 바와 같이, 피케티 이전에 사이먼 쿠즈네츠가 이와 유사한 작업을 했었다. 쿠즈네츠는 여러 나라의 국민소득 통계를 수집해서 정리한 후 그 통계를 분석했는데, 그의 결론은 경제 성장 초기에는 소득 불평등이 심해지지만 어느 시기를 지나면 나중에는 불평등이 완화된다는 것이었다. 신자유주의 경제학자들이 별 고민 없이 분배 낙관론을 품게 된 데에는 쿠즈네츠의 가설이 크게 작용했다. 하지만 피케티에 따르면, 역U자 가설은 불평등이 뚜렷하게 완화되고 있던 자본주의의 황금기에 통계 분석을 한 쿠즈네츠의 착각에 불과하다. 시야를 넓혀보면 소득분배의 추이는 역U자가 아니라 U자를 그린다는 것이 피케티의 분석이다. 쿠즈네츠가 이야기한 역U자의 하락 국면은 케인스주의 정책의 효과로 소득과 자산의 불평등이 현저하게 완화되던 시기를 포착한 것일 뿐, 그것을 가지고 분배 낙관론을 펼칠 수는 없다는 것이다.

마르크스의 『자본(Capital)』을 의식해서 정한 책 제목 때문에 피케티가 마르크스 이론을 부활시키려는 것 아닌가 의심을 살 수 있다. 하지만 내용을 살펴보면, 피케티는 마르크스와는 거의 공통점이 없다. 피케티의 관심은 자본주의 경제학을 마르크스 경제학으로 대체하는 데 있었던 것이 아니라, 신자유주의 경제학의 문제점을 드러내서 자본주의 경제학이 제 길을 찾게 하는 데 있었다. 현대 경제학은 과연 피케티의 경고를 받아들일 것인가?

불평등의 장기 역사를 밝히다

　1971년에 프랑스 파리 인근 클리시(Clichy)에서 태어난 피케티는 프랑스 고등사범학교에서 수학과 경제학을 공부했다. 22세에 프랑스 사회과학고등연구원과 런던정경대학에서 부의 재분배에 관한 연구로 박사학위를 받았다. 20대 초반의 나이로 미국 MIT(매사추세츠공과대학) 경제학과 교수로 근무하다가 3년 만에 프랑스로 돌아가 프랑스 국립과학연구소 연구원을 지냈다. 미국 최고 명문대학 교수 자리를 내던지고 고국으로 돌아간 것은, 미국의 경제학자들이 역사적 연구와 다른 사회과학 분야와의 협력은 등한히 하면서 사소한 수학적 문제에 매달리고 있다는 판단이 들었기 때문이다. 프랑스에 돌아온 피케티는 소득과 자산에 관한 역사적 자료를 모으면서 불평등 연구에 매진했다. 그는 2000년부터 파리 사회과학고등연구원 경제학 교수를 지내다가 2007년 이후 신설 파리 경제대학 교수로 근무하고 있다.

　피케티는 수학 모형으로 마치 장난감 놀이를 하듯 하는 분석만이 경제학이라고 믿는 다수의 현대 경제학자들이라면 꿈도 못 꿀 연구 방법을 사용했다. 300여 년에 걸친

토마 피케티

장기통계, 그것도 여러 나라의 통계를 정리하고 분석해서 불평등의 역사적 추이를 보여주는 놀라운 방법이었다. 말이 통계 자료 분석이지, 작성 방법과 기준이 전혀 다른 통계들을 모아서 통일성을 가진 도표로 정리한다는 것은 보통 학자로서는 상상도 하기 어려운 작업이다. 그 어려운 일을 해내고 참신한 분석 결과를 내놓았으니 양식을 가진 사람이라면 외면하기 어렵다.

『21세기 자본』에서 피케티가 제시한 분석 결과는 어떤 내용일까? 한마디로 말해, 20세기 초 심각했던 소득과 자산의 불평등이 두 차례의 세계대전을 거치고 케인스주의 경제정책의 영향을 받으면서 20세기 중반에 잠깐 축소되었다가, 1980년 이후 다시 확대되고 있다는 것이다. 자본주의의 장기 역사 속에서 볼 때 20세기 중반과 같은 상황은 예외적인 시기라는 것이 피케티의 해석이다.

20세기 불평등의 추이를 U자형으로 파악하는 것이 『21세기 자본』의 특징이다. 피케티는 자산/소득 비율, 자산소득 분배율, 상위계층이 가져가는 소득의 비중, 상위계층이 소유하는 자산의 비중, 자산 수익률과 경제성장률의 차이, 전체 자산에서 상속자산이 차지하는 비중 등 다양한 지표의 역사적 추이를 일일이 그래프로 보여주며 이를 입증하였다. 여기서 자산이란 자본재, 부동산, 금융자산, 심지어 노예제도 하의 노예를 포함하는 개념이다. 부채는 제외하므로 엄밀히 말하면 총자산이 아니라 순자산이다. 자산/소득 비율에서 소득은 경제 전체에서 생기는 임금, 이자, 지대 등 모든 소득을 합한 것, 즉 국민소득이다. 자산소득 분배율이란 국민소득 중에서 자산 소유자에게 돌아가는 소득의 비중을 나타내고, 자산 수익률은 자산소득/자산액이다.

주요 비율은 모두 U자형이다

여기서는 자산/소득 비율과 자산 수익률과 경제성장률의 차이 그리고 전체 자산에서 상속자산이 차지하는 비중 등 세 가지에 대해서만 살펴보기로 하자. 사실 상위계층이 가져가는 소득의 비중과 상위계층이 소유하는 자산의 비중에 대해서는 앞에서 간단히 설명하였다.

자산소득과 노동소득 간의 불평등을 분석하기 위해, 피케티는 자산소득 분배율(α)을 자산 수익률(r)과 자산/소득 비율(β)로 분해해서 둘의 움직임을 따로 살폈다. 분해하는 방법은 간단하다.

$$\text{자산소득 분배율} = \frac{\text{자산소득}}{\text{국민소득}}$$

위 식의 분모와 분자를 자산액으로 나누면 다음의 식이 나온다.

$$\text{자산소득 분배율} = \frac{\text{자산소득}}{\text{자산액}} \times \frac{\text{자산액}}{\text{국민소득}}$$

여기서 첫 번째 항이 r이고 두 번째 항이 β이다. 그리하여 공식이 나오는데, 피케티는 거기에 '자본주의의 제1법칙'이라는 이름을 붙였다. 거창한 이름이 붙었지만, 사실 이 공식은 초등학생도 이해할 수 있는 간단한 수학에 따라 만들어진 항등식이다.

이 공식을 제시한 후 피케티는 β 값, 즉 자산/소득 비율의 역사적 추이를 집중 분석했다. β 값은 한 나라의 자산액이 그 나라의 국민소득의 몇 배인지를 나타내는 수치인데 이 값이 올라가면 그만큼 자산의 힘이 커진다고 해석할 수 있다. 피케티가 정리한 통계에 의하면, 영국, 프랑스, 독일 등 유럽 선진국의 β 값은 1700~1910년에 600% 내지 700%라는 매우 높은 수준으로 유지되다가, 1913~1950년에 200% 내지 300% 수준으로 크게 떨어졌다. 전쟁으로 인한 자산 파괴, 해외 자산 가치의 하락, 낮은 저축률, 정부 규제로 인한 자산 가격의 하락 등이 원인이었다.

하지만 β 값은 1970년 이후 다시 상승하여 500% 내지 600% 수준을 회복한다. 20세기 전 기간을 볼 때 유럽 선진국의 β 값은 강한 U자형 커브를 그린다는 것이 피케티의 결론이다. 그는 특히 1970년 이후에 β 값이 빠른 속도

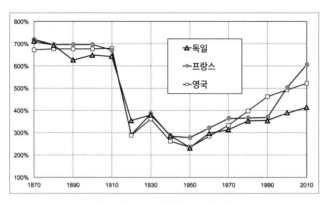

독일, 프랑스, 영국의 자산소득 비율(β 값)

로 상승하는 현상에 주목하여 이를 '자본의 귀환'이라 묘
사했다. 피케티의 예측에 따르면, *β* 값은 21세기 말에는
700%로 올라가서 20세기 초 불평등이 극심했던 상태와
같아질 것이다.

"이 커다란 U자 곡선은 이 연구에서 광범위하게 보
여줄 절대적으로 중요한 변화를 나타낸다. 나는 특히
지난 수십 년간 자본/소득 비율이 높은 수준으로 회복
된 것은 대부분 경제가 상대적인 저성장 체제로 되돌아
간 사실로 설명할 수 있음을 보여줄 것이다. 느리게 성
장하는 경제에서는 당연히 과거의 부가 지나치게 큰 중

요성을 갖게 된다. 새로운 저축을 조금만 투입해도 새로운 부의 총량을 꾸준히 그리고 크게 늘릴 수 있기 때문이다. 더욱이 자본 수익률이 오랜 기간 성장률을 크게 웃돌면 … 부의 분배에서 양극화 위험이 매우 커진다."(『21세기 자본』, 38~39쪽)

피케티는 자산 수익률(r)과 경제성장률(g)의 차이를 매우 중요하게 취급했다. r이 g를 크게 웃돌 경우, 이미 쌓아놓은 자산이 많은 사람들은 소비를 충분히 하더라도 자산소득의 상당 부분을 저축할 수 있기 때문에 자산을 빠르게 늘릴 수 있다. 반면, 쌓아둔 자산이 없이 노동소득만으로 사는 사람들은 소득이 기껏해야 r보다 훨씬 작은 g의 비율로밖에 늘지 않기 때문에 저축도 그만큼 적게 할 수밖에 없고 따라서 자산 소유자들보다 훨씬 느린 속도로 자산을 늘리게 된다. 아무리 열심히 일해서 돈을 모아도 '돈으로 돈을 버는 사람들'을 따라갈 수 없다. 따라서 자산을 가진 사람들과 갖지 못한 사람들 사이에 자산 격차는 점점 벌어진다.

피케티가 제시한 통계에 의하면, 20세기에 자산 수익률과 경제성장률의 차이, 즉 r – g도 U자형 모양을 보인

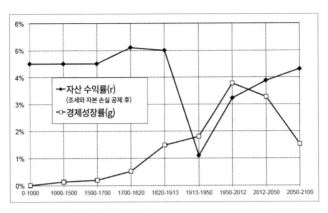

전 세계 자산 수익률(r)과 경제성장률(g)의 역사적 추이

다. 피케티는 20세기 중반에 자산 소유의 불평등이 완화된 이유를 r과 g의 크기가 뒤바뀐 데서 찾았다(g 〉 r). 두 차례 세계대전으로 인한 자산의 대량 파괴, 부유층에게 불리한 누진세 정책, 1950년대와 60년대 자본주의 황금기에 일어난 이례적인 경제 성장이 겹쳐서 이런 일이 벌어졌다. 문제는 1970년대 이후 경제성장률이 떨어지면서 다시 r이 g보다 커졌고 그 격차가 계속 확대되고 있다는 점이다. 피케티는 r − g가 21세기 말까지 계속 증가할 것으로 예측했다. 이는 앞으로 자산 소유의 불평등이 계속 증가할 것임을 뜻한다.

이런 상황에서는 자산 소유자의 상속과 증여도 증가한

다. 그 결과 전체 자산 가운데 상속으로 생기는 자산의 비중은 점점 늘어나고 새로 저축해서 만드는 자산의 비중은 점점 줄어든다. 부자 가운데 땀 흘려 일해서 번 돈으로 자수성가하는 사람은 점점 사라지고, 부모의 자산을 물려받아서 부자가 된 다음 그 자산으로 자꾸 더 부자가 되는 사람만 남는 것이다. 그리하여 자본주의는 '세습자본주의'로 후퇴하고 있다는 것이 피케티의 진단이다.

"1950~60년에는 상속과 증여가 국민소득의 몇 퍼센트에 지나지 않았다. 상속은 거의 사라졌고 … 자산은 개인이 일생의 수고와 저축으로 축적하는 것으로 이해하는 인식이 보편화되었다. … 몇몇 세대가 이런 분위기에서 자랐다. 1940년대 후반과 1950년대 초반에 태어난 베이비붐 세대가 그렇다. 그들이 이런 현실을 새롭게 부상한 표준이라고 생각한 것은 당연한 일이었다. 반면 1970년대와 1980년대에 태어난, 그들보다 젊은 사람들은 상속이 그들의 삶과 친척, 친구의 삶에 중요한 역할을 한다는 사실을 이미 어느 정도 경험했다. 예를 들어 이 집단에게는 자녀가 부모로부터 상속과 증여를 받는지 여부가 몇 살에 누가 자산을 소유할 것인지,

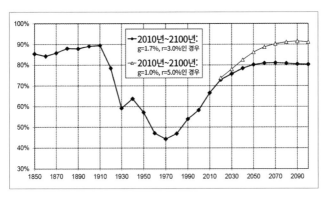

상속자산 비중의 역사적 추이(프랑스)

그 자산이 얼마나 많을지 결정하는 데 중요한 영향을 – 적어도 이전 세대보다는 훨씬 더 큰 정도로 – 미칠 수 있다."(『21세기 자본』, 455~456쪽)

의외로 간단한 불평등 해소 방안

피케티가 『21세기 자본』에서 그리는 자본주의의 미래는 우울하다. 하지만 그렇다고 해서 그가 불평등이 확대되는 상황을 도저히 피할 수 없다고 보았는가 하면 그렇지 않다. 이 점에서 그는 자본주의의 필연적인 붕괴를 예견했던 마르크스와는 완전히 다르다.

피케티는 조세제도를 활용하자고 제안한다. 많은 사람이 조세를 단지 정부 수입을 확보하기 위한 수단쯤으로 여기는데 그것은 틀린 생각이다. 조세는 경제 성장을 촉진하고, 환경 파괴를 방지하고, 사회적으로 바람직하지 않은 행위를 억제하고, 소득과 자산의 불평등을 완화하는 등 나방면에서 중요한 영향을 미친다.

불평등 완화를 위해 피케티가 제안한 해법은 매우 높은 최고세율을 적용하는 누진 소득세·상속세와 함께 낮은 세율의 글로벌 자산세를 도입하는 것이었다. 최고세율이란 누진세 제도에서 최고 과표구간에 적용하는 세율을 가리킨다. 예를 들어 보자. 현재 우리나라의 근로소득세는 누진세이다. 세율은 과세표준이 1,200만 원 이하일 경우 6%, 1,200만 원~4,600만 원일 경우 15%, 4,600만 원~8,800만 원일 경우 24%, 8,800만 원~1억 5,000만 원일 경우 35%, 1억 5,000만 원~3억 원일 경우 38%, 3억 원~5억 원일 경우 40%, 5억 원 초과일 경우 42% 등 7단계로 되어 있다. 이때 42%가 바로 근로소득세 최고세율이다. 과세표준이란 근로소득, 즉 임금에서 각종 공제를 뺀 금액을 말하는데, 이것에다 위에서 말한 세율을 곱해서 세액을 계산한다.

여기서 오해해서는 안 되는 내용이 있는데, 예를 들어 과세표준 금액이 1억 원인 경우 1억 원 모두에 35%의 세율을 적용하는 것은 아니라는 사실이다. 1억 원 가운데 1,200만 원에 대해서는 6%, 3,400만 원에 대해서는 15%, 4,200만 원에 대해서는 24%를 적용하고, 나머지 1,200만 원에 대해서만 35%를 적용한다. 이런 방식을 초과누진 제도라 부른다.

소득세 최고세율이 42%라고 하면 엄청 높다고 생각하기 쉽지만, 제1차 세계대전과 제2차 세계대전을 거치면서 주요 선진국의 소득세 최고세율은 웬만하면 70%를 넘었고 심지어 90%를 넘은 나라도 있었다. 미국과 영국의 경우, 상속세 최고세율도 약 80%에 달했다. 이처럼 높은 소득세와 상속세의 최고세율은 전쟁이 끝나고도 지속되었는데, 1980년대 들어 신자유주의 경제정책이 시행되면서 급격히 무너졌다. 지금은 많은 나라에서 두 세금의 최고세율은 30~40%대에 머물고 있다.

피케티는 노동 의욕에 나쁜 영향을 끼치지 않으면서 최대한 어느 수준까지 최고세율을 올릴 수 있는지 연구한 후에, 소득세 최고세율을 80%까지 끌어올리자고 주장했다. 이는 1950년대와 60년대에 적용되던 세율이다. 피케티의 실증 분석에 따르면, 미국에서 연간 50만 달러~100만 달러의 소득에 대해 80%의 세율을 적용할 경우, 경제 성장을 둔화시키지 않을 뿐 아니라, 경제적으로 무익하거나 해로운 행위를 합리적으로 억제하고, 보다 많은 사람이 경제 성장의 열매를 누리게 할 수 있다.

피케티가 소득세와 상속세의 최고세율 인상과 함께 노하나 제안한 내용이 글로벌 자산세이다. 이 세금은 개인이 소유하는 순자산에 비교적 낮은 누진세율을 적용하는 것이다. 피케티는 하나의 예로서 20만 유로 이하 0.1%, 20만~100만 유로 0.5%, 100만~500만 유로 1%, 500만 유로 이상 2%의 세율을 제시했다. 글로벌 자본세는 한 나라에서만 시행할 경우 자산가들이 다른 나라로 국적을 옮길 것이기 때문에 세계 여러 나라가 공동으로 부과해야 한다는 것이 피케티의 주장이다. 그가 이 세금의 도입을 주장한 배경에는 자산 수익률(r)과 경제성장률(g)의 차이를 줄이지 않으면 앞으로 계속 확대될 불평등을 줄일 방법이 없다는 위기감이 작용한 것으로 보인다.

피케티는 경제학을 경제과학이라고 부르는 데 대해 반대했다. 경제과학이라는 이름은 경제학이 사회과학의 다른 분야보다 더 높은 과학적 지위를 얻었다는 것을 내비

치는 매우 오만한 표현이라는 것이다. 대신 그는, 오래됐지만 정치경제학이라는 이름을 되살려야 한다고 주장했다. 경제문제에서 국가의 역할과 정책의 중요성을 깨닫게 해준다는 이유에서다. 경제는 정치와 분리될 수 없으며, 20세기에 진행된 불평등의 양상은 바로 정치의 결과였다는 것이 그의 결론이다. 피케티가 불평등 해소의 대안을 정치와 정책에서 찾은 것은 어쩌면 당연한 일이다.

"부의 분배의 역사는 언제나 매우 정치적인 것이었으며, 순전히 경제적인 메커니즘으로 환원될 수는 없다. 특히 대부분의 선진국에서 1910년에서 1950년 사이에 불평등이 줄어든 것은 무엇보다 전쟁의 충격을 극복하기 위해 도입한 정책들이 불러온 결과다. 이와 비슷하게 1980년 이후 불평등이 다시 커진 것은 대체로 지난 수십 년간 나타난 정치적 변화, 특히 조세와 금융 방면에서의 변화에 따른 것이다. … 불평등의 역사는 관련되는 모든 행위자가 함께 만든 합작품이다."(『21세기 자본』, 32쪽)

과녁을 벗어난 피케티 비판

『21세기 자본』이 엄청난 관심을 불러일으키자 여러 곳에서 비판의 화살이 날아들었다. 그중에는 감정이 섞인 부적절한 내용도 있었지만, 피케티가 경청해야 할 의미 있는 비판도 있었다.

최악의 비판은 카네기멜론대학 교수였던 앨런 멜처(Allan Meltzer, 1928~2017)에게서 나왔다. 멜처는 피케티가 프랑스인이라는 이유로, 또 피케티가 MIT 교수로 있을 때 같은 프랑스인인 이매뉴얼 사에즈(Emmanuel Saez) 교수와 공동연구를 했다는 이유로 비판의 화살을 날렸다. 프랑스가 오랫동안 소득 재분배 정책을 시행한 나라라는 것이 이유였다. 이건 비판이 아니라 악의적인 비난에 가깝다.

신자유주의 경제학자들 중에는 제법 격식을 갖춘 비판을 한 사람도 있었다. 대표적인 인물이 그레고리 맨큐(Nicholas Gregory Mankiw, 1958~)다. 그는 하버드대학 경제학과 교수로『맨큐의 경제학』,『거시경제학』등의 경제학 교과서를 저술하여 전 세계 대학에 알려진 인물이다. 맨큐는 부의 축적과 상속이 불평등을 심화시킨다는 피케티의 주장에는 아무런 근거가 없다고 비판했다. 그에 따르면, 세대가 거듭될수록 부자들의 자산과 소득은 평균으로 돌아가는 경향을 보인다. 자산은 대물림 과정에서 여러 명의 후손에게 분산될 뿐만 아니라 후손들은 물려받는 재산을 계속 소비하며, 유산과 자본소득에는 세금이 부과되기 때문이다. 맨큐는 한 걸음 더 나아가 부의 상속이 저임금 노동자의 소득을 감소시키는 것이 아니라 오히려 증대시킨다고 주장했다. 부자가 자손을 위해 저축하면 이는 새로운 사업을 위한 투자나 기존 사업을 확장시키는 데 활용되면서 생산성과 임금을 높인다는 것이다. 부자가 더 부유해지면 저소득층에게도 떡고물이 많이 떨어져서 덩달아 살기 좋아진다는 이른바 낙수효과론을 다시 펼친 것이다. 2011년 11월 미국 월스트리트 점령 시위가 일어났을 때 하버드대학 학생들이 맨큐의 수업을 거부했던 일이 있었다. 그래서 피케티에 대한 맨큐의 비판은 순수하게 받아들이기가 어렵다. 그 시위가 피케티와 사에즈의 불평등 연구에 영향을 받았다는 소문이 있었기 때문이다.

정곡을 찌른 유익한 비판

멜처와 맨큐의 비판은 과녁을 한참 벗어난 것으로, 피케티에게 별 타격을 입히지 못했다. 오히려 그런 비판은 신자유주의 경제학자들의 초조함을 드러내는 것으로 해석될 뿐이었다. 하지만 수없이 날아든 화살 중에는 피케티에게 제법 아프겠지만 유익한 내용도 있었다. 두 가지만 소개하기로 하자.

우선, 자산/소득 비율(β 값)이 1970년 이후 급속하게 상승한 원인에 대해 피케티가 크게 오해했다는 비판이다. 피케티는 그것을 기계, 장비, 건물 등 자본재의 양이 증가해서 발생한 것으로 해석했지만, 사실 그것은 주택, 특히 토지의 가치가 올라가서 생긴 현상이라는 것이다. 이런 비판을 가한 경제학자들은 주택과 토지를 제외하고 자본/소득 비율을 새로 계산해 보았는데, 그렇게 계산한 비율은 1970년대 이후에도 큰 변화를 보이지 않았다. 그렇다면 피케티는 단순히 부동산 가격이 올라가서 생긴 현상을 자본재 양이 늘어나서 생긴 것으로 오해한 것이다. 이런 오해는 그가 토지와 자본재의 차이를 구분하지 않고 몽땅 자산의 범주 속에 포함시킨 데서 비롯되었다. 토지와 자본재는 성질이 완전히 다르고, 가격도 전혀 다른 원리로 정해진다. 천부 자원인 토지는 아무리 사용해도 낡지 않는 반면, 인공물인 자본재는 시간이 가면 마모되고 낡는다. 그래서 시간이 지나면 자본재의 가격은 떨어질 수밖에 없지만, 토지의 가격은 성장하는 사회에서는 갈수록 올라가는 경향을 보인다. 그러므로 한 나라에서 토지 자산 총액(= 토지면적 × 토지가격)이 증가하는 것은 토지가격이 상승하기 때문이고, 자본재 자산 총액(= 자본재 양 × 자본재 가격)이 증가하는 것은 자본재 양이 증가하기 때문이다. 토지와 자본재를 한 범주로 취급하여 토지가격 상승에 기인하는 현상을 자본재 양의 증가 때문에 생긴 것으로 혼동하는 바람에, 피케티는 책 곳곳에서 무리한 논증을 펼치고 부적절한 처방을 제시하는 오류를 범했다.

다음으로, 피케티가 말하는 글로벌 자산세는 노력 자산인 자본재와 불로 자산인 토지를 구분하지 않는다는 점에서 정의롭지 않으며, 해결하기 어려운 기술적 난점을 내포하고 있다는 비판이다. 글로벌 자산세는 무겁게 부과할 경우 그 나라의 자본축적이 위축될 뿐만 아니라 자산 가운데 움직일 수 있는 동산(動産)은 금방 세금을 피해 다른 나라로 나가버릴 것이다. 그래서 높은 세율을 적용하기도 어렵고 한 나라 차원에서 시행하기도 어렵다. 피케티는 글로벌 자산세를 전 세계적으로(적어도 EU 정도의 광역권에서) 동시에 시행하자고 주장했지만, 한 나라에서 과세하기도 만만치 않은 세금을 여러 국가가 함께 시행한다는 것은 현실성이 떨어진다. 피케티 스스로 "글로벌 자본세는 유토피아적인 이상"이라고 고백했다고 해서 그 문제점이 가려지는 것은 아니다.

피케티는 토지와 자본재를 구분하지 않는 글로벌 자산세 대신에 토지 중심으로 과세하는 방안을 제시했어야 한다. 앞에서 소개한 헨리 조지의 토지가치세는 과세 후에도 토지가 감소하지도 않고, 가지고 도피할 수도 없기 때문에 높은 세율을 적용할 수 있고 일국 차원에서도 얼마든지 시행할 수 있다는 장점이 있다. 토지가치세는 제대로 부과할 경우 중립성, 투명성, 공평성, 경제성 등을 발휘하는 좋은 세금이며, 노력소득의 원천인 자본재에는 과세하지 않고 불로소득의 원천인 토지에 과세한다는 점에서 정의로운 세금이다. 피케티가 중시한 β 값 상승과 그에 따른 불평등 심화를 억제하는 데에도 토지가치세가 글로벌 자산세보다 훨씬 효과적이다.

피케티, 칼 마르크스와 헨리 조지 중 누구를 닮았을까?

『21세기 자본』이라는 이름은 칼 마르크스의 『자본(Capital)』을 의식한 것이 분명하다. 피케티는 책 초반에 마르크스에 대해 제법 상세히 언급해서 그 사실을 은근히 드러냈다. 하지만 책 제목이 암시하는 바와 달리, 피케티는 마르크스와는 별 공통점이 없다. 그는 마르크스가 지엽적이고 비체계적인 통계 사용 방식으로 성급한 결론을 내렸다고 깎아내리는가 하면, 마르크스의 자본주의 예언이 비현실적이라고 단언하기까지 했다. 피케티는 공산주의 체제에 애정이나 향수를 느낀 적이 없으며, 자신의 연구가 불평등과 자본주의 자체를 비난할 목적을 갖고 있지 않다는 점을 굳이 밝히기도 했다. 『21세기 자본』에서 피케티는 마르크스와 거리를 두려고 애쓰는 모습이 역력하다.

이론 내용에서도 피케티와 마르크스 사이에는 유사성이 거의 없다. 마르크스는 자본을 일종의 사회적 관계, 즉 자본가와 노동자의 관계로 파악한 반면, 피케티는 단순히 자산 혹은 부로 인식했다. 마르크스는 자본소득의 정당성을 아예 부정한 반면, 피케티는 인정했다. 피케티는 자본소득이 지나치게 편중되는 것을 경계했을 뿐이다. 마르크스는 노동자의 계급투쟁으로 자본주의 사회를 뒤집어엎을 것을 주장한 반면, 피케티는 누진적 소득세·상속세와 글로벌 자산세 도입으로 자본주의 사회를 고치자고 주장했다. 이쯤 되면 피케티와 마르크스 사이에는 근본 철학의 차이가 존재한다고 봐야 한다.

이론 내용만 가지고 따지면, 피케티는 마르크스가 아니라 헨리 조지와 비슷하다. 자본주의 시장경제를 인정하면서도 공정한 자본주의를 추구했고, 불평등 분석에 온 힘을 기울였으며, 자본주의의 틀 안에서 조세 개혁으로 문제를 해결하려고 했다는 점에서 그렇다. 그럼에도 피케티는 『21세기 자본』에서 헨리 조지에 대해 전혀 언급하지 않았다. 그가 헨리 조지의 책을 읽었는지 여부는 확인할 길이 없다.

두 사람이 닮았다고 해서 반드시 서로 알아야 하는 것은 아니지만, 아쉬운 부분은 있다. 헨리 조지의 눈으로 보면 자명한 내용을 피케티가 오해하는 바람에 결정적인 오류를 범했기 때문이다.

토지와 자본의 차이를 인식하지 못했다든지, 노력소득과 불로소득을 구분하지 않았다든지, 토지가치의 결정과 변화의 원리를 파악하지 못했다든지 하는 것들은 피케티가 헨리 조지를 알았더라면 저지르지 않았을 이론적 오류이다. "경제학의 지평에 일대 변혁을 가져올" 위대한 책을 저술한 피케티에게도 숙제는 있다. 바로 헨리 조지를 공부하는 것이다.

에필로그

　자, 이제 왜 이 책에서 다룬 5명을 경제 의사라 불러야 하는지 알겠는가?

　애덤 스미스는 경제가 유기체임을 인식해서 그것이 움직이는 원리를 체계적으로 제시한 사람이다. 물론 그 전에 중농주의자들이 있었지만 그들의 사상에는 모호하고 추상적인 내용이 많고 논리적 결함도 적지 않아서 스미스에 비교할 바가 아니다. 스미스는 각 개인이 자신의 이익을 마음껏 추구할 수 있도록 환경을 조성하고 나머지를 내버려 두면 경제라는 유기체는 활력 있게 잘 굴러간다는 것을 멋있게 논증했다. 스미스에게 중상주의자들은 환자 몸을 여기저기 건드려서 오히려 건강을 악화시키는 돌팔이 의사처럼 어설프게 손을 대서 경제를 망치는 악당들이었다.

헨리 조지는 경제라는 유기체에서 토지가 얼마나 중요한지, 토지를 잘못 다루면 얼마나 큰 문제가 생기는지 절실히 깨달은 사람이다. 사유재산의 원리를 내세워 토지와 자연자원에까지 절대적인 권리를 인정하면, 자본주의 경제는 진보 속의 빈곤과 주기적 불황을 피할 수가 없다는 것을 상세하게 밝혔다. 토지와 부동산에 이해관계가 크게 걸린 사람들은 그를 사회주의자로 매도하지만, 헨리 조지야말로 자본주의를 자본주의답게 만들려고 했던 진정한 시장주의자였다.

세계적인 대공황이 진행되기 시작한 시기에 혜성처럼 등장한 천재 경제학자 존 메이너드 케인스는, '자연치유'는 장기에나 통하는 방법일 뿐, 급성 질병에 걸려 고통을 호소하는 사람에게는 약과 수술이 필요하다고 믿는 외과 의사처럼 불황기에는 정부가 적극 개입해서 인위적으로라도 유효수요를 창출해서 무너져 내리는 경제를 일으켜 세워야 한다고 주장한 사람이다. 케인스의 처방은 1930

년대 이후 전 세계 국가들에 적용되어 불황 극복은 말할 것도 없고, 고도성장과 불평등 축소를 특징으로 하는 '자본주의의 황금기'를 실현하는 놀라운 효력을 발휘했다.

프리드리히 하이에크는 케인스식 외과 처방조차 경제의 자연치유력을 망가뜨린다고 보았던 사람이다. 그는 케인스가 주장한 정부 개입은 일시적으로 호황을 가져올 수는 있으나 그 호황이 지속될 수는 없고 결국에는 위기와 불황으로 귀결된다고 보았다. 하이에크는 불황에서 탈출할 수 있는 쉬운 방법은 없다고 생각했다. 자유시장은 자연적 치유력을 갖고 있기 때문에 거기에 맡기는 것이 최선이라는 것이다. 그는 케인스처럼 감언이설로 신속한 처방을 제시하는 사람은 돌팔이요 사기꾼이기 때문에 믿어서는 안 된다고 주장하기까지 했다.

하이에크는 1970년대 스태그플레이션 발발을 계기로 케인스식 처방이 효과를 발휘하지 못하자 새롭게 주목받기 시작했고, 1980년대 말 이후 사회주의가 붕괴하면서 경제학자로서 전성기를 누리게 되었다. 그는 경제학자로는 밀턴 프리드먼, 정치가로는 마거릿 대처 · 로널드 레이건과 함께 자유주의 경제학, 아니 그것의 극단적 형태인 신자유주의 경제학을 탄생시키는 데 선구적인 역할을 했다. 1970년대 말 이후 전 세계 경제학계에서 케인스주의자들은 점점 자취를 감추었고 신자유주의를 신봉하는 경제학자들이 대학 강단을 독차지했다.

하지만 신자유주의의 위세도 30년을 가기가 힘들었다. 세금 감면과 민영화 정책들이 전 세계 주요 국가에서 시행되자 소득과 부의 불평등이 뚜렷하게 심해졌고, 급기야 '1% 대 99%'라는 프레임이 등장했다. 게다가 미국 서브프라임모기지 사태를 계기로 발생한 금융위기는 전 세계로 파급되면서 경기변동을 극복했다고 호언장담했던 신자유주의 경제학자들을 공포에 빠뜨렸다.

토마 피케티는 초등학생도 이해할 수 있는 초보적인 산식과 소설 내용 그리고 방대한 통계 자료를 활용하여 불평등이 뚜렷하게 심화되고 있음을 입증하면서 세계적인 스타 경제학자로 떠올랐다. 그는 미국 최고의 명문 MIT도 마음에 안 든다고 떠나버린 사람이다. 피케티가 보기에 미국의 주류 경제학자들은 현실의 경제문제를 해결하는 데는 관심이 없이 오로지 수학 놀음으로 자신들의 지적 우월성을 입증하는 일에 몰두하는 사람들이었다. 그러니 하이에크와 프리드먼의 방식대로 했다가 망가져 버린 경제의 실상을 파악하는 데 관심을 가질 리가 없었다. 신자유주의 경제학으로 인한 경제적 질병이 이미 심각해진 지금, 토마 피케티는 '여기 진짜 경제학자가 있습니다. 저를 보세요'라고 외치고 있다.

[참고문헌]

- 류동민·주상영, 2015, 『우울한 경제학의 귀환』, 한길사.

- 유시민, 1992, 『부자의 경제학, 빈민의 경제학』, 푸른나무.

- 이재율, 2015, 『경제사상의 시간여행』, 탑북스.

- 이정전, 2011, 『경제학을 리콜하라』, 김영사.

- 장하준, 2010, 『그들이 말하지 않는 23가지』, 부키.

- 전강수, 2012, 『토지의 경제학』, 돌베개.

- Adam Smith, 1776, An Inquiry Into The Nature and Causes of The Wealth of Nations, 김수행 역, 2003, 『국부론』, 비봉출판사.

- Anna George de Mille, 1972, Henry George: Citizen of the World, Greenwood Press.

- Friedrich von Hayek, 1976, The Road to Serfdom, 김영청 역, 1999, 『노예의 길』, 자유기업센터.

- George R. Geiger, 1933, The Philosophy of Henry George, The MacMillan Company.

- Heather Boushey, J. Bradford DeLong and Marshall Steinbaum eds., 2017, After Piketty, 유엔제이 역, 2017, 『애프터 피케티』, 율리시즈.

- Henry George, 1879, Progress and Poverty, 김윤상 역, 1997, 『진보와 빈곤』, 비봉출판사.

- Henry George, 1883, Social Problems, 전강수 역, 2013, 『사회문제의 경제학』, 돌베개.

- John M. Keynes, 1936, The General Theory of Employment, Interest and Money, 조순 역, 1989, 『고용, 이자 및 화폐의 일반이론』, 비봉출판사.

- Lev Tolstoy, 1899, Воскресение, 박형규 역, 2003, 『부활』, 민음사.

- Nicholas Wapshott, 2012, Keynes Hayek: The Clash that Defined Modern Economics, 김홍식 역, 2014, 『케인스 하이에크』, 부키.

- Robert L. Heilbroner, 1999, Worldly Philosophers, 장상환 역, 2012, 『세속의 철학자들』, 2012, 이마고.

- Robert V. Andelson and James M. Dawsey, 1992, From Wasteland to Promised Land, 전강수 역, 2009, 『희년의 경제학』, 대한기독교서회.

- Thomas Piketty, 2014, Capital in the Twenty-First Century, 장경덕 외 역, 2014, 『21세기 자본』, 글항아리.

- Todd G. Buchholz and Martin Feldstein, 1989, New Ideas from Dead Economists, 이승환 역, 1994, 『죽은 경제학자의 살아 있는 아이디어』, 김영사.